会谈判的人，前程都不差

NEGOTIATORS
HAVE A BRIGHT FUTURE

世界是一张谈判桌，谈判无所不在

千海◎著

中国经济出版社
CHINA ECONOMIC PUBLISHING HOUSE
·北京·

图书在版编目（CIP）数据

会谈判的人，前程都不差 / 千海著.
--北京: 中国经济出版社, 2019.8
ISBN 978-7-5136-5642-9
Ⅰ. ①会… Ⅱ. ①千… Ⅲ. ①谈判学—通俗读物 Ⅳ. ①C912.35-49
中国版本图书馆CIP数据核字（2019）第070963号

责任编辑 海 毅 高晓晔
责任印制 巢新强
封面设计 仙 境

出版发行 中国经济出版社
印 刷 者 北京艾普海德印刷有限公司
经 销 者 各地新华书店
开 本 880mm×1230mm 1/32
印 张 8.5
字 数 150千字
版 次 2019年8月第1版
印 次 2019年8月第1次
定 价 45.00元
广告经营许可证 京西工商广字第8179号

中国经济出版社 网址 www. economyph. com 社址 北京市西城区百万庄北街 3 号 邮编 100037
本版图书如存在印装质量问题，请与本社发行中心联系调换（联系电话：010－68330607）

PREFACE 前言

提及“谈判”二字，人们总会联想到这样一幅场景：两个代表团，西装革履，坐在会议桌两边，剑拔弩张，唇枪舌剑……很多人都认为谈判是一件非常正规和严肃的事情，其实不然。在日常工作和生活中，凡是与他人协商、沟通、争论，以求达成一致意见的过程都可以称为谈判。

与朋友下馆子，你想吃南方菜，他想吃北方菜，你们都想说服对方，这是谈判。

去商场买东西，你觉得对方报价太高，于是你讨价还价，这也是谈判。

午间时分，同事听音乐，你想午休，你跟他沟通，这依然是谈判。

晚上，孩子不愿意熄灯睡觉，而是想继续看电视，你耐心劝导，这还是谈判。

你向老板提出加薪要求，老板不同意，你设法说服他，这更是谈判。

…………

《哈佛谈判学》的作者杰勒德曾经说过："世界是一张谈判桌。"现实生活中，各种类型的谈判无处不在，无时不有。上至国家间的国事磋商、贸易洽谈，下至百姓间的柴米油盐，所涉及的沟通协调统统都是谈判。有些谈判是为了捍卫国家主权，追求公平和正义；有些谈判是为了获取商业利益，解决现实问题；有些谈判是为了协调人际关系，化解分歧和矛盾……无论哪一种谈判，都是一场没有硝烟的战争，都是为了利益而斗智斗勇的较量。

美国前总统克林顿的首席谈判顾问罗杰·道森曾说："全世界赚钱最快的方法就是谈判。"通过谈判，我们可以低价买进所需要的商品，再高价卖出，这样中间就会出现差价，这就是利润。利润的大小取决于买进和卖出的价格差。要想获得丰厚的利润，就需要发挥高超的谈判技巧，以尽量低的价格买进，以尽量高的价格卖出。

表面上看，谈判是双方语言的交锋，想要赢得胜利，就要有超强的口才。实际上，语言只是谈判的工具，谈判的本质是心理与智慧的比拼。因此，设法从内心深处向对方施加影响，才能让对方心服口服。如果抓不到对方的痛点，即使长篇大论，也难以打动对方。

人活在世，都有自己的“想”和“不想”，这是人的正常需求。每个人都希望获得利益，而谈判就是解决利益纠纷的有力武器。明白了彼此的需求，通过开诚布公地沟通与协商，找到一个平衡点，最终达成一致。所以，成功的谈判都是建立在知己知彼基础上的。正如《孙子兵法》所言：“知己知彼，百战不殆。”只要充分了解自己和对手的处境、意图和需求，了解各自的谈判优势、筹码和存在的弱点、缺陷，你就有可能在谈判中轻松取胜。

生活是一张巨大的谈判桌，其间你会扮演各种各样的谈判者，要与各类“对手”较量。也许你浑然不觉，但谈判的行为却一直在你身边发生着，谈判输赢的结果也在不知不觉中影响着你的生活。所以，谈判与你息息相关。会谈判的人，前程都不会太差。

CONTENTS 目录

第1章 有充分的准备才有成功的谈判

本杰明·富兰克林说："没有准备的人，就是在准备失败。"对于谈判来说，充分的准备是必不可少的。谁掌握的信息越全面，准备工作做得越充分，谁就会在谈判中占有更多的优势，更容易取得谈判的胜利。

第2章 好的开局等于谈判成功了一半

好的开始等于成功了一半，谈判也是如此。在谈判开局阶段，双方见面、寒暄、介绍以及针对谈判内容以外的话题进行交谈等一系列活动，逐步进入各自角色。这个阶段虽然只占整个谈判过程的一小部分，而且看似与整个谈判主题关系不大，却是决定谈判能否成功的关键。

第3章 问出你不知道又想知道的答案

谈判时若能让对手多说话，你就会占有一定的优势。因为当对手开口说话时，你可以从中了解与谈判相关的信息；对手说得越多，你了解到的信息就越多。怎样让对手多说话呢？其实很简单，你只要掌握了正确的提问技巧，通过有效提问，就能问出你不知道又想知道的答案。

第4章 用你的回答掌控谈判的走向

谈判的本质就是沟通。沟通有提问，自然也有回答。怎样回答是一门艺术。什么问题可以回答，什么问题可以不回答，可以回答的问题又怎么回答，这关系到整个谈判的走向。高明的谈判者会通过回答提问来引导对手的思维，从而主导谈判的走向。

第5章 别让分歧影响预设的谈判目标

谈判双方在主观上都不希望出现分歧，更不希望让谈判陷入僵局。意见有分歧是正常的，僵局也是无法避免的。如果不能正确处理分歧、化解僵局，就很容易影响预设谈判目标的达成。面对分歧与僵局，需要采用一些策略，从而更好地争取主动，为谈判取胜铺平道路。

第6章　适时让步给合作留下转身的空间

谈判需要坚守自己的底线，但也是一门“如何在最小让步的情况下与对方达成协议”的艺术。掌握了这门艺术，谈判才不会出现情绪化的争吵，易于让对方感受到你的谈判诚意。特别是当双方出现分歧时，适时让步能给各自留下转身的空间与合作的机会。

第7章　高明的说服是从内心瓦解对方的

谈判就是一场心理战。表面上双方和和气气、笑容可掬，实际上话语中的对抗风起云涌。谁能在心理对抗中占据上风，找到有效的谈判战术瓦解对方，谁就能取得有利于自己的谈判结果。因此，有人将谈判说成是“攻心”一点儿也不为过。掌握攻心技巧，突破对手的心理防线，才能获得最终胜利。

第8章 你的努力不能输给最后5分钟

双方谈得差不多了，该达成一致的条件也基本达成了，眼看就要提笔签字了，可是……在这最后5分钟，对方突然犹豫了，或突然又提了个条件，要求你作出让步，这时你该怎么办呢？是妥协退让，还是施压成交？请记住：你不能输给最后5分钟！

第 1 章

有充分的准备
才有成功的谈判

本杰明·富兰克林说：“没有准备的人，就是在准备失败。”对于谈判来说，充分的准备是必不可少的。谁掌握的信息越全面，准备工作做得越充分，谁就会在谈判中占有更多的优势，更容易取得谈判的胜利。

1.1 没有情报优势，哪有优势谈判

如果你看过国内外战争题材的影视剧，一定会对其中五花八门的情报搜集手段印象深刻。敌我双方为了搜集对方的情报，不惜投入大量的人力、财力，甚至还要付出牺牲情报人员性命的代价。可见，情报的搜集对于战争双方的重要性。

即使是在当今和平年代，情报的重要性也丝毫不输当年。每个国家都有自己的情报部门，比如，美国有“中情局”，英国有“军情六处”等。可见，不管是战争时期，还是和平年代，情报的重要性都是不可低估的。就连表面上一团和气的谈判，也要提前搜集对方的情报。有了情报优势，才能手握谈判优势。

一次，我国南方某机械制造厂的李总带着几名骨干成员赶赴大洋彼岸的美国，与美国一个商家洽谈机械出口事宜。谈判开始后，中美双方进行了一次正面较量。双方因讨价还价、互不相让而致谈判陷入僵局。这时美国方面的总裁提议休会，李总也没有异议。第二天，谈判继续进行。双方又讨价还价、互不相让，于是再次休会。如此反复，谈判持续了几天，毫无进展。

这时，中方代表中有人表达了担忧：这样拖下去不仅会使谈判告吹，时间也会白白浪费，还有来回的差旅费，都将白白损失。面对这种担心，李总依然表现得十分冷静，一副沉得住气的模样。

为什么李总如此有信心呢？原来，他来美国之前就做过大量的调查研究，通过搜集各方面的信息，了解到美国对外贸政策的调整和机械制造行业的行情变化。他得知美国为了保护本国的对外贸易，对韩国等国家或地区实行高关税政策。由于税率高及其他原因，韩国迟迟不肯发货，而美国公司已经同客户签订了供销合同，急需机械设备投入生产。

因此，李总对此次谈判成竹在胸。这就是为什么此次谈判李总要亲自出马，他就是害怕美国故意拖延施压，手下谈判代表沉不住气而作出妥协让步。

果然，谈判僵持到第七天时，美方公司坐不住了，在谈判中主动降低姿态，表现出十足的诚意。经过一番认真的磋商，美方公司作出了令中方满意的让步。最后，双方达成了合作协议。

所谓“知己知彼，百战不殆”。在商务谈判中，提前搜集谈判对手的信息、资料，了解对方的需求，综合分析对方的处境，对在谈判中保持主动性具有重要的作用。谈判前掌握的情报越多，谈判过程中所占的优势就越多。这些情报会有助于了解整个状况，从而更好地去应对谈判对手。案例中的李总之所以取得谈判的胜利，就在于他事先做足了准备，充分搜集了对手的信息，从而在谈判中从容应对。

情报优势和准备工作十分重要，我们不仅要在谈判之前重视情报搜集，在谈判过程中我们也应该重视情报搜集。因为有时候谈判陷入僵局，我们搞不清对方的意图，就需要停下来搜集对方的信息，以便分析得出对方的真实想法，从而有效应对，而不是主动选择让步。

在某次交易会上，我方外贸部长与一家韩国公司洽谈出口业务。在第一轮谈判中，韩方采取各种招数来摸我方的底，罗列过时的行情，故意压低采购价格。我方立即叫停了谈判，转而搜集对手的相关情报。了解到这家韩国公司发生了一次重大生产事故，造成工厂停产。对方想要尽快投产，但需要质量级别更高的生产设备，最后想到了从中国进口设备。

了解到这些信息后，我方立刻告诉对方："价格方面已经没办法让步，如果贵公司有诚意的话，我方愿意认真商谈。否则，我方退出谈判。事实上，贵公司的情况我们也了解，相信你们比我们更拖不起。"

对方见我方对他们的情况了如指掌，像泄了气的皮球。在经过一些小的交涉后，就乖乖接受了我方的价格，购买了大量生产设备。

通过这个案例，我们可以发现：信息搜集工作伴随着谈判的始终，是谈判不能忽视的重要组成部分。通常来说，搜集情报主要是调查谈判对手经济实力、市场地位、经营性质、营销手段、产品质量、产品报价，了解对方的合作欲望及谈判意图。通过这些了解和分析，对双方在谈判中所处的地位，各自最大的需求和让步的范围、幅度、谈判的时限等有个清醒的认识。这样才能制定有针对性的谈判策略。

那么，怎样搜集对方的相关信息呢？

（1）直接调查法

所谓直接调查法，指的是由谈判人员通过直接、间接的接触获取有关对手情况和资料的方法。如通过企业的往来银行获得谈判对手的财务状况、经营状况。通过谈判对手的客户，包括经销商、代理商、批发商、供应商等，了解谈判对手的需求状况、报价情况、优惠条件，等等。还可以咨询与谈判对手关系密切的人或客户，了解谈判对手的谈判风格、处事方式。

还可以借助大型的展览活动、研讨会等，间接地了解谈判对手的产品种类、产品质量、销售政策等信息。虽然不能说每个厂家、企业都会定期参加行业内的类似活动，但是行业里的标杆企业或者有新产品推出的企业，往往比较重视类似的活动。

另外，通过调查谈判对手所在公司领导的言行，也可以挖掘出对谈判有价值的信息。比如，对方领导在各种公开场合发表的各种言论，这里面就蕴含着重要的情报信息。当然，这些信息需要加工、整理，有时候需要长期跟进才能获得。

（2）委托购买法

在经济发达的国家，人们可以通过信息咨询服务系统，方便快捷地查出目标公司的相关信息，包括经营状况、产品特点、债务状况、合作对象等重要信息。因此，在涉外谈判中，可以委托或雇佣国外的咨询机构为我们提供所需要的信息。

当然，目前我们国家这方面的服务还不够完善，很难通过委托购买的办法了解到谈判对手的信息，但我们可以委托对对方比较熟悉的人去搜集相关信息。值得注意的是，信息有真伪，我们需要进行筛选和整理，还要进行定性分析、定量分析，以避免被谈判对手误导，及时为谈判提供决策依据，促成谈判获胜。

1.2 越了解对手的需求，谈判就越主动

谈判的目的是成交，而成交的核心在于抓住谈判对手的需求点。只有探明了对方的实际需要，才能知道如何满足对方的需要，从而实现成交。怎样才能在谈判前获知对手的需求，以便在谈判过程中做好针对性的策略呢？我们不妨先看一个案例。

A需要采购一批树苗，找到了B公司。B公司把树苗的品种和价格告诉了A，可A迟迟没有采购。B公司联系A，A就说需要考虑。B方不想穷追猛打，也不想拖下去，以免竞争者乘虚而入。于是，他们派人找到与A关系很好的C，向他了解A买树苗的真正需求。于是B方代表与C就有了下面的对话：

“你知道A采购这批树苗是想干什么吗？”

“听他说是想把家里的荒山给种上树苗。”

“他有想要的树种吗？是要大苗还是小苗？”

“常规的树苗他不想要，至于树苗的大小，好像都可以。”

“树栽下去后，他准备派人管理吗？”

“他经常在外面出差，家里也没有人替他管理。我估计他不准

备派人管理。”

“地方有多大。”

“大概两三亩地，还没有具体量。”

…………

通过一番对话，B公司代表终于明白了之前A迟迟不采购的原因，因为之前报过去的树种、价格等各方面并不适合A。于是，B公司根据所了解到的信息，向A提供了新的树苗品种和价格，而且这种树苗种下去不用派人管理。

很快，A就同意签订购买协议了。

通过这个案例，我们可以发现了解对手的需求多么重要。很多人可能觉得，了解谈判对手的需求非常简单，只要在谈判的时候直接问对方便知道。殊不知，等到谈判的时候再去问对方，就没法提前做好针对性的谈判策略。而且很多时候，对方并不一定会实话实说。要知道，在谈判场上大家都想为己方争取最大的利益，有时候甚至会刻意隐藏自己的真实需求和谈判意图。所以，单靠谈判时提问来了解对手的需求是不现实的。

此外，如果想了解谈判对手的需求点，还有一个可行的办法，那就是在谈判中看客户一而再再而三提到的点。比如，客户多次提到价格问题，那说明客户希望以更低的价格成交，这就是客户的意图。客户多次提到售后问题，那说明他希望购买产品后有一个好的售后服务。因此，我们就可以更好地把握谈判的主动权，更有策略地去和客户沟通。

在大导演昆汀·塔伦蒂诺拍的西部片《被解救的姜戈》中，就有这么一个桥段：

姜戈和赏金猎人一起来到一个大农场，想找回心爱的妻子。他的妻子在农场主家里是个地位卑贱的女奴，本来作为一笔交易的“添头”，花300美元就能换回来。可是，姜戈心浮气躁，在谈判中缺乏经验，说话和表情分分钟就暴露出自己急于救走妻子的意图。精明的农场主一看，就知道姜戈的想法，那还能便宜你？结果他狠狠敲了姜戈一笔，让姜戈花了四倍的价格才把妻子换回去。

为什么姜戈在与农场主的谈判中完败？因为精明的农场主透过他的说话和表情，看出了他的真实意图。这就好比我们手上有对方需要的唯一货物，对方除了从我们手里购买，从别的地方买不到。这个时候，我们就拥有谈判的绝对优势。因此，在谈判中就可以开出更高的条件，迫使对方不得不满足我们。

这个案例也告诉我们：谈判是一场基于信息的博弈。如何准确地了解对方的意图，却不让对方看透我方的意图，这是谈判取胜的关键。综上所述，要想做到准确地了解对手的需求和意图，又不让对方了解我方的需求和意图，要做到以下几点。

（1）通过第三者了解对手的需求

谈判开始前的信息搜集十分重要，其中很重要的一项就是探明对方的需求。如果对方是我们的老客户，那我们可以直接问对方的需求；如果对方与我们初次谈判，那我们就要设法通过第三者去了解其需求。比如，通过供货商、经销商、熟人、朋友等来了解其经营状况、财务状况、当前的大致需求。

（2）察言观色，洞察对手的意图

信息的搜集不局限于谈判之前，还表现在谈判的整个过程中。如果你在谈判之前，没有了解对方的需求和意图，那么在谈判中就要注意察言观色了，看对手强调什么问题，并观察对手谈到什么问题时比较兴奋，这样就可以大致了解对手的真实意图了。

（3）控制情绪，不要喜怒形于色

在谈判中，一个人的情绪是会传递其内在信息的。当对方讲到某个话题或提到某款产品时，如果你表现得很感兴趣，忙着追问下文，那说明你很关心那个话题。这样对方就知道你对这款产品中意，那他就可能在开价时有意提高价格。这样一来，你在谈判中就容易陷入被动。所以，高明的谈判者是懂得控制情绪的，而不会喜怒形于色，轻易让对手看透自己的真实意图。

1.3 明确自己的底线，探明对手的底线

有谈判学研究者说过：很多谈判的结果在谈判之前就确定了。这句话的意思是，只有当双方的底线重合在一起时，才会达成合意，实现成交。如果双方的底线是相离的，必然会无果而终。谈判的实质就是双方不断试探对方底线并最终在底线问题上达成一致的过程。

底线在谈判中有着极其特殊的地位，指的是双方能够接受的最低标准或最后期限。以销售为例，产品的最低价就是卖方的底线，出价最高价就是买方的底线。无论参与什么样的谈判，明确双方的底线都是至关重要的。谈判结果逾越了任何一方的底线，谈判就失去了双赢的可能。这样的谈判在理论上是不可能成交的。所以，对于谈判者而言，要做的工作是：首先，明确自己的底线；其次，探明对手的底线。如图1–1所示。

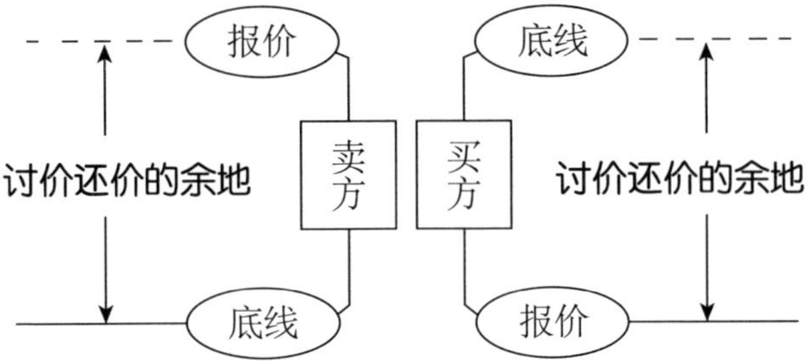

图 1-1 我方底线与对手底线

我们先来分析，如何确定自己的底线。

首先，设定底线要结合自身情况并考虑对手的接受程度。

有人说，既然底线那么重要，那么就把底线设得高一点，这样对我们有利。可问题是，你把底线设高了，严重超出对方的接受范围，怎么能够达成双赢合作呢？可如果把底线设得过低，又会让己方吃亏。所以，制定谈判底线时既要结合自身的情况，又要站在对手的角度去考虑。这样才能制定一个切合实际的谈判底线，从而有利于实现双赢合作。

其次，在设定谈判底线时，我们还要提高自我期望，树立心理优势。

美国一些顶尖商学院开展的研究发现，一个人的期望对报酬的确定发挥着至关重要的作用。该研究表明，哈佛商学院女性MBA的起薪比同等条件下男性MBA的低了近6%。女性MBA每年获得的奖金比同等条件下男性MBA的奖金少了近19%。事实上，女性MBA的能力并不比男性MBA低，限制她们工资和奖金的主要因素是她们的期望。

是什么影响了她们的期望呢？答案是她们对于薪酬待遇的各个组成部分模糊不清。不过，当女性把薪酬待遇的各部分了解清楚后，她们的期望也趋于和男性一致，这时她们的薪酬和男性MBA的薪酬及奖金也就相差无几了。这就是说，期望会影响结果。

同样的道理，我们在设定谈判底线时，也要明确自己在谈判中所处的位置，树立心理优势。树立心理优势除了有助于适当提高底线之外，还有助于提高我们第一次的开价。例如，你的产品底价为300元/件，当你有了较强的心理优势时，你在初次报价时就可以报价350元/件，甚至报价400元/件。而在你没有心理优势时，你的报价可能是320元/件。这样的价格很难经受住对手的砍价，最后你可能以280元/件的价格成交，或者你接受不了这个价格，谈判以失败告终。

提高自我期望，使自己保持心理优势，还能让你意识到：即使我和你未达成合作，我还可以和别人达成合作。这就意味着你会思考其他选择，而不会在一棵树上“吊死”。这样做能为你在谈判中提供明显的优势，有助于你以更满意的条件成交。

明确了自己的底线后，我们再来看看如何探明对手的底线。

就谈判而言，对手的底价、权限、目标都叫底线，也叫底牌。然而，对手不会轻易让我们知道其底牌，想要探明其底牌并不是一件容易的事。下面，我们就来通过一些办法推测对方的底线，如图1-2所示。

图1-2　揣测对方底线的三种办法

（1）让对手先出牌

在谈判中，谁先出牌，那么他所出的牌就可以为我们揣测其底线提供一个参考：

甲：您好，张经理，我们公司想承租贵方门口这个铺面。这个铺面每平方米租金多少钱？

乙：这个位置比较贵一些，租金每平方米200元。

当对方出价每平方米200元时，我们可以肯定，其底价在200元以下。这对于心中没有租金标准的人来说，就是一个很好的判断对手底线的依据。换言之，当你对当前情况不了解时，不妨做一个学生，多问一下对方，让对手先开价、先出牌。然后，再根据你的实际情况进行讨价还价。

（2）试探性地砍价

在谈判中，你直接问对方的最低价格是多少，对方是不会马上告诉你的。因为对方也知道，不能一下子将底牌亮出来。因此，建议你先让对方出牌，让对方开个价，然后在此基础上砍价，不断试探对方的底线。比如，听到对方的报价后，你可以说："不会吧？太贵了！"或者说，"少一点吧！给我一个合理的价格。"然后看对方怎么回答，再根据对方的回答，揣测其底线。

继续上面的举例：

甲：每平方米200元的价格太高了，对面那一家卖场的租金每平方才150元。你这边太贵了！

乙：真有这回事？那我向领导汇报一下再给你答复。

听到这里，你觉得对方的底线是多少？应该也就在每平方150元左右了。这是试探性砍价的效果。在试探性砍价时，你要利用各种信息来要求对方让步。至于信息的真假，没有特别的要求。也许你根本不知道对面铺面的租金，就随口那么一说，对方听了之后，也会马上作出让步，给你一个与对面铺面差不多的租金价格。当然，如果是真实的信息就更好了，那样更有说服力，更能施压于对手。

你还可以用狮子大开口的方式先报价，把价格界定在一个对你有利的范围内，然后慢慢试探，直到对方亮明底牌。比如，你直接说："你这个铺面每平方米100元租不租？"如果对方不答应，他自然会向你报出价格，你再在你的报价和对方的报价之间慢慢试探。

（3）故意制造错误

谈判的时候，你可以故意报错价、念错字或者误解对方的意思，再看对方有什么反应。如果对方表情严肃，一脸认真地纠正你，说明你错得很离谱，说明你报错的价格与他的底线相差悬殊。如果对方一脸漠然，说明你报错的价格还在对方的底线之上，还未触碰到他的底线。这就意味着你还有讨价还价的空间。

最后，要注意的是，在我们有意探明对方底线的时候，对方也会设法探明我们的底线。因此，我们要掌握一点应对技巧，免得在对方的试探下手足无措，露出破绽。如图1–3所示。

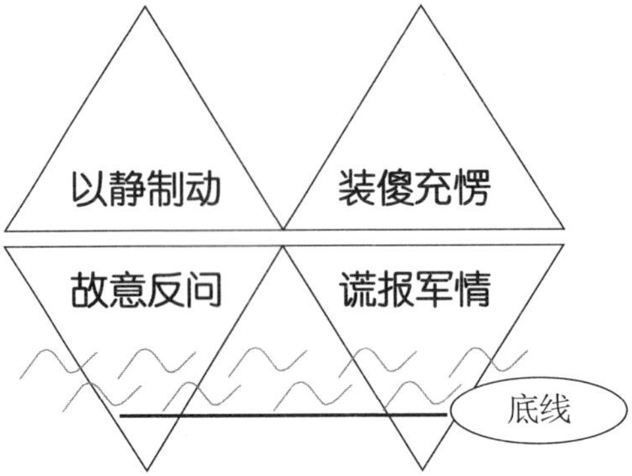

图 1–3　应对试探的四种办法

（1）以静制动

在谈判桌上，为了避免被对方识破底牌，你最好寡言慎行。你可以抽口烟、喝口水，还可以假装吃惊，或微微一笑，这样对方不知道你葫芦里卖的什么药。就算对方猜到了你的底牌，也不敢肯定真实与否。如此，你的底牌就不会被识破。

（2）装傻充愣

如果对方试图通过各种方法试探你的底牌，你最好的办法是装傻充愣。无论对方问你什么问题，你都可以用“这个我暂时也不确定”“我还不清楚，等领导定夺”来模糊回应。一般通过这种方法，就能把对方的试探性问题挡回去。

（3）故意反问

有时候，对手会用激将法试探你的底牌。这个时候，你千万别掉进他的圈套，最好的办法是用相同的方法回应他们。比如，对方说：“一分钱一分货。”你可以反问他：“你的意思是你觉得我们的产品质量不行，是吗？”如果对方问：“那你觉得什么样的价格合理？”你可以说：“反正这个价格不合理，别把我当傻子！”这样你既没有透露自己的底牌，又把问题抛给了对方。

（4）谎报军情

第一次报一个虚高的价格，并将其告知对方。对方就会以这个价格为信息依据，跟你砍价。由于你的价格是虚高的，预留了较大的砍价空间。因此，无论对方怎么砍价，你都能保证对方以高于你底价的价格成交。比如，你的底价是100元，你却报价200元，这中间就有100元的空间让对手砍价。对手很难把价格砍到100元以下，否则，你可以拒绝成交。一般来说，如果对手砍到150元，就会认为自己占到了便宜，然后满意地和你成交。当然，这要结合产品的大概价值，虚报的价格不能高得太离谱。

1.4 清楚自己和对方的谈判筹码

从某种意义上讲，谈判就是兵对兵、将对将的正面交锋。在谈判之前，我们不仅要明白自己的优势和劣势，还要熟悉对方的优势和劣势，这样才能明确自己和对方的谈判筹码。从本质上来说，谈判是筹码的交换，你手里有对手想要的东西，对手那里也有你想要的东西，双方围绕"如何交换"进行谈判。

我国台湾知名企业台积电公司刚成立的时候，主要从事代工业务。一次他们与一家日本公司谈判，日本公司表示："我们自己可以设计生产产品，不需要其他企业代工。"台积电公司不答应这个条件，双方都不让步，谈判陷入僵局。

休会期间，双方谈判代表共同进餐。闲聊中，日本企业的社长不经意间流露出对其公司员工缺乏视野的不满。台积电公司的谈判代表马上意识到这是一个可以利用的筹码。第二天，他们就向日方提供了一个方案："如果贵公司把部分产品交给我们代工，就能通过我们看到竞争对手的科技水平情况。这对开阔你们公司员工的视野是很有帮助的。"

仅过一天，双方就达成了合作。

不同的社会，不同的时代，不同的人所需要的东西是不一样的。你视家门前的荒山为粪土，别人却视其为黄金；你把公司的生产垃圾当作负担，别人可能视其为宝贵的资源。所以，明确对方的需求，看看自己是否拥有其想要的东西。这个东西就是你的筹码。你拥有的筹码越多，你的谈判优势就越大，就越能在谈判中掌握主动，甚至可以一票否决对方的任何讨价还价，迫使对方作出让步。

台北某百货公司客流量巨大，来这里购买贵重物品的人不计其数。因此，该百货公司的摊位寸土寸金。很多商家挤破脑袋也要让他们的产品进入该百货公司。

一直以来，该百货公司都奉行一个原则：黄金饰品与钻石饰品分别在不同的楼层展卖。有一次，香港某珠宝店希望把他们的产品放在这家百货公司展卖。他们考虑到珠宝店既有金饰也有钻饰，如果放在同一楼层展卖，可以节约一大笔管理成本。

可是，当他们提出这个要求时，百货公司马上拒绝："如果想把东西放在我们这里展卖，你们就必须听我们的！"最终，香港珠宝店只好妥协。

有句话叫："我的地盘我做主。"你有求于我，我就拥有绝对的谈判筹码。所以，我不接受你的讨价还价。由此可见，谈判本质上是双方筹码的大比拼，谁的筹码更多，谁的优势更大，谁就能在谈判中掌握主动。这也提醒我们：在谈判之前，要明确自己和对方的筹码，明确自己在谈判中所处的位置，再由此制定相应的谈判策略。这样，才更容易取得谈判的胜利。

接下来，我们就看看谈判双方通常拥有的筹码有哪些，如图1–4所示。

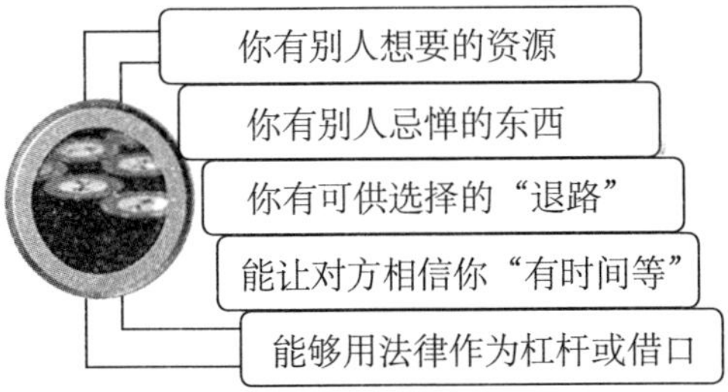

图 1–4　谈判双方所具有的常见筹码

（1）你有别人想要的资源

谈判的第一大筹码就是，你有别人想要的资源。只要别人想要的东西你有，那么这个东西就是你的谈判筹码。比如，金钱、信息、专业才能、人脉、人力资源、空间、声誉、渠道、行为，等等。如图1–5所示。

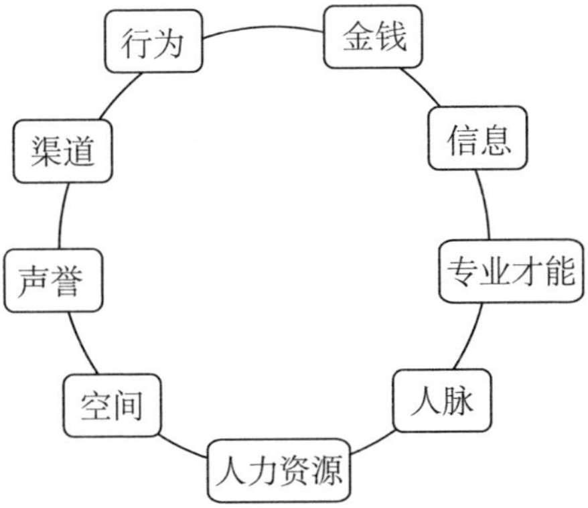

图 1–5　常见的九种资源

1）金钱。比如，别人想创业，但资金不够，找你入伙投资，这时金钱就是你的重要筹码。

2）信息。信息就是金钱，谁掌握了最新的信息，谁就有更多的筹码。如今有人卖产品，更有人卖信息。比如，信息咨询公司，市场调查公司，他们就是通过卖信息来赚取利润的。所以，如果你掌握了别人需要的信息，你就拥有了和他谈判的筹码。不过，信息是有时效性的，如果你捂着掖着不肯拿出来分享，一旦信息过时了，就失去价值了。

3）专业才能。知识就是力量，能力就是财力。一些高新科技公司为了招揽优秀人才，经常采取给予股份的方式吸引人才。这就是在用股份换取人才的专业才能，因为专业才能能给公司带来利润。至于到底能给公司带来多少利润，那就要认真评估了。

再如，你求职时要求高薪水，或想让老板给你加薪，那你必须掂量一下自己是否具备老板看中的专业才能，专业才能有多强，能不能让老板视如珍宝。老板也会评估你的才能和贡献值，以权衡是否应该给你加薪，还是另寻一个人来顶替你。

4）人脉。人脉就是资源，人脉就是金钱。在谈判中，人脉也可以成为你的重要筹码。

李先生所在的制药厂想和某医院进行业务合作，但医院的要求十分苛刻，导致谈判一直没有进展。后来，李先生得知该医院药品采购负责人有重要的事急需媒体处理，他就利用与媒体的良好关系，满足了对方的需要。对方非常满意，在后续的谈判中，要求不再那么苛刻。最后，双方顺利达成合作。

5）人力资源。人力资源不仅指体力，还指脑力。比如，国外企业想在中国办厂搞生产，看中的就是中国的人力成本较低。再如，高科技人才求职时比较抢手，是因为他们是稀缺的人力资源。

6）空间。所谓空间，指的是所拥有的地理位置。常言道：天时不如地利。拥有地理位置上的优势，就有了重要的谈判筹码。比如，店铺的位置，建筑楼盘的位置，公司的位置，等等。

7）声誉。声誉代表着一家企业的形象，是一种无形的资产。在企业之间展开合作谈判时，声誉是双方都特别看重的因素。声誉好、名声好，意味着用户的认可度高，在产品的销售、口碑的传播上都有优势。这是声誉不好的公司比不了的。

8）渠道。掌握了渠道，就掌握了销路。国美电器、苏宁电器等家电卖场为什么可以决定谁的产品能放在自己的卖场销售？因为他们掌握了渠道。渠道越好，筹码就越大。

9）行为。所谓行为，指的是对手需要的行为，这对于对方来说也是一种筹码。比如，某公司正准备举牌上市，就在这节骨眼上，却因为一起生产事故遭到另一家公司的起诉。如果闹到法庭上，对举牌上市肯定是不利的。为了大事化小，那么他们就希望另一家公司撤销起诉，私下和解。这个时候，另一家公司撤销起诉的行为就是一种有利的筹码。

（2）你有别人忌惮的东西

人除了得到想要的，还要规避不想要的，这叫趋利避害。如果你拥有别人忌惮的东西，那么别人就不敢轻易得罪你，就会设法避免被你“伤害”。这就意味着你拥有了另一种类型的谈判筹码。

1）剥夺。所谓剥夺，指的是将某种权力收回，造成对方不便甚至受损。比如，公司将赋予某代理商的代理权收回，就会让代理商受到一定的经济损失。再如，父亲对儿子说：“如果你不好好学习，我就把给你买的平板电脑收回，让你再也不能玩了。”儿子听了这话，马上乖乖地去写作业了。

2）伤害。所谓伤害，指的是通过自己的行为使对方遭受某种损失，包括身体损失、财产损失、名誉损失以及其他损失。上面我们列举的一个例子——某公司正准备举牌上市，却不小心发生了一起生产事故，遭到另一家公司的起诉。起诉这一行为会给将要举牌上市的公司造成伤害，所以，他们马上放低姿态，请求与对方私下和解。

3）使得不到。所谓“使得不到”，指的是阻止别人得到其想得到的东西。

小王在公司恃才傲物，经常顶抗直接上司章经理。公司在调整职位的时候，公司总经理觉得小王业绩不错，想提拔他。总经理征求章经理的意见。章经理说：“小王的业务能力还行，只是在团结同事方面似乎还有所欠缺。”最终，总经理没有提拔小王。

4）“勒索”。《孙子兵法》中有这样一句话：故我欲战，敌虽高垒深沟，不得不与我战者，攻其所必救也。意思是，只要攻击敌人不得不救的地方，敌人就会被我们牵着鼻子走。

在谈判中，挂钩惩罚法就是一种变相的“勒索”，可以达到迫使对方让步的目的。也就是谈判的一方将对方必需的事物与自己挂钩，只有对方给自己想要的东西，才给对方必需的东西。使用这一方法的前提是双方互有需求，如果只是单方面有需求，挂钩是很难实现的。

A公司的主要业务是给B公司做半导体代工，B方给的价位非常低。尽管A方心中不满，但因急需这笔生意，也只好接受。若干年后，B公司急需一批高质量晶片，由于自己无法生产，就找A公司加工。A公司生产的晶片不仅质量好，而且能赶上交货期限，所以在这次谈判中拥有绝对的筹码。在谈判中，A公司提出：“给你加工晶片没问题，但必须提高代工的半导体价格。”此时需求关系转变了，B方只好同意A方的要求。

A公司和B公司围绕a项目展开谈判，在这一问题上，A公司相对处于弱势地位。但是B公司在b项目上有求于A公司。因此，A公司采取挂钩惩罚法，要求B公司在a项目上必须让步，否则，b项目就免谈，迫使B公司不得不让步，如图1-6所示。

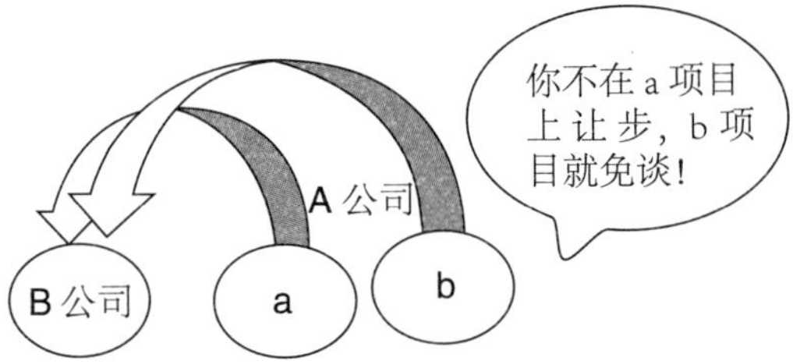

图1-6　挂钩惩罚法

（3）你有可供选择的“退路”

俗话说“凡事先找退路”，这对谈判同样适用。在谈判的双方中，有退路的一方或退路多的一方，就会拥有更多的筹码。没有退路、没有选择的一方，就没有谈判的资本。因为他只能接受对方提出的条件。

一位老太太找到一位谈判专家：“赶快教我几招吧，我下午就要和开发商洽谈买房子的事情了！”

谈判专家问：“老太太，房子你必须买吗？不买可不可以？”

“必须买，不买不行！”

“你必须在那个楼盘买吗？去别的楼盘买可不可以？”

“非那个楼盘不可！”

“你必须下午就买吗？过段时间买可不可以？”

“不行，我想马上拥有一套自己的房子！”

谈判专家摇摇头，说：“那你直接带上钱去付款就可以了，用不着谈判了。”

这个案例告诉我们，没有退路的谈判，意味着你只能接受对方的条件，也就是说你没有谈判的筹码。所以，在谈判之前，一定要给自己找好退路，也要想到别人的退路，以备从容应对谈判中的一切可能。

（4）能让对方相信你“有时间等”

时间就是金钱，时间在谈判中也能成为重要的筹码。当一方着急、一方不着急时，不着急的一方就手握谈判的主动权，通过拖延、等待让另一方作出让步。

所以，在谈判中你要让对方相信你“有时间等”，这一点对掌握谈判主动权很重要。当然，你也要明确对方是否有时间等。如果双方都有时间等，那你有时间等就算不上是你的筹码了。反之，你没有时间等，对方有时间等，那你就不具备这个筹码。

（5）能够用法律作为杠杆或借口

用法律作为杠杆，指的是“因为合法，所以我做”；用法律作为借口，指的是“因为不合法，所以我不做”。至于什么时候用法律作为杠杆，什么时候用法律作为借口，要根据具体情况而定。

当对方提出的要求既合法又符合你的利益时，你可以说：“因为合法，所以我同意。”当对方提出的要求不合法但符合你的利益时，你可以同意，也可以不同意。当对方提出的要求既不合法又不符合你的利益时，你可以坚决不同意。这个时候法律就成了你拒绝的借口：“因为不合法，所以我不能答应。”

最后想说的是，筹码不是一成不变的，它会随着时间、双方实力、双方需求、外部环境的变化而变化。因此，在我们手握某些筹码的时候，不可过分坚持，以免时过境迁，筹码失去价值。同时，我们也要认清对方的筹码，在该让步的时候适当让步，在该拖延时拖延，以弱化对方的筹码，争取谈判的主动权。

1.5 根据目标拟订详细的谈判计划

在谈判中，无论你是单枪匹马，一对一地与对方谈判，还是以团队的形式与对方谈判，都必须在谈判之前明确目标，拟订详细的谈判计划，制定多套谈判方案。做好了这些准备工作，再去谈判，才能以不变应万变。尤其是以团队的形式谈判时，团队内部必须先达成共识，才能确保在谈判中口径一致，不至于被对方抓住漏洞，陷入被动的局面。

首先，确定谈判目标。

明确、统一的目标不仅是谈判的前提，还可以使我们在谈判中明确自身定位，处于主动地位。通常来说，每次谈判的目标，都应该包含以下三种，如图1-7所示。

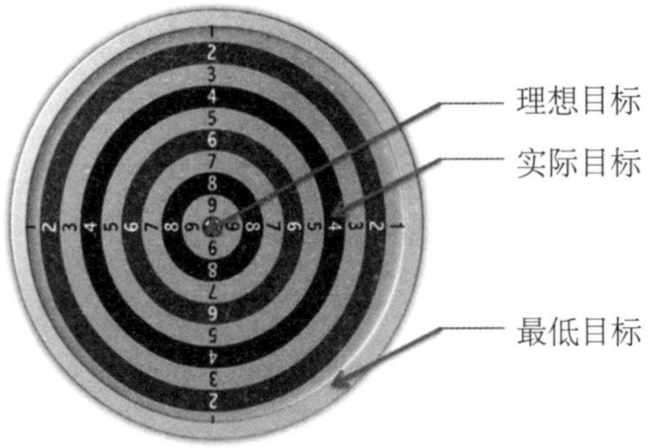

图1-7　关于谈判的三种目标

（1）理想目标

理想目标就是最高目标，在谈判对手看来，这个目标有点不切合实际。但我们要认识到，这个目标并非不可能实现。事实上，目标理想化一点，利益就会更大一些，这也会增加我们的谈判动力。另外，目标定得高一些，可以扩大潜在的谈判空间。

理想目标有以下几个特征：

1）是对己方最有利的理想目标；

2）是单方面的，比较难实现的目标；

3）是谈判中第一次报价的目标；

4）可以带来有利的谈判结果。

要注意的是，追求理想目标时，不可盲目乐观。否则，容易滋生骄傲心理，还容易激怒谈判对手，不利于谈判顺利进行。更多的时候，理想的目标只是作为一种谈判工具，用来第一次报价的，以便为我方保持较大的谈判空间。

（2）**实际目标**

实际目标指的是谈判者根据各种主客观因素以及谈判现场的情况，评估出的一个较为全面、实际的目标。这个目标就像是一个利益范围，只要在这个范围内都可以接受。

实际目标有以下几个特征：

1）实际目标属于内部机密，一般只在谈判成交时才会表露出来；

2）是谈判者的一道防线，如果达不成这一目标，谈判可能陷入僵局或暂停；

3）关系到谈判方主要或全部经济利益。

（3）**最低目标**

最低目标就是基本目标，也是评价一场谈判成功与否的最低标准。有时候，为了实现最低目标，即便冒着谈判破裂的风险，也要坚守到底。因为最低目标是最后一道防线，如果守不住，就意味着没利润甚至意味着损失。

最低目标有以下几个特征：

1）是谈判者的绝密，永远不会告诉对手自己的最低目标是什么；

2）是谈判的底线，是必须达到的目标；

3）暗藏在理想目标的保护下。

任何一场谈判之前，我们都应该制定以上三个目标。目标确立之后，再针对三个目标制订不同的谈判计划和谈判策略。

其次，制订谈判计划。

在谈判之前，拟订谈判计划书是必不可少的准备工作。有了谈判计划书，谈判才有明确的议程，双方才知道先谈什么议题，后谈什么议题，谈判才能有条不紊地进行。谈判计划书的主要内容有：确定谈判的议题、议程，设计多套方案。

（1）确定谈判议题

确定谈判议题，指的是针对谈判主题确定什么样的问题应该拿到谈判桌上去谈论。还要确定整个谈判期间应该围绕哪几个议题逐步展开。总之，谈判要为主题服务，而不能跑题。

（2）确定谈判议程

在商务谈判中，议事日程的安排要做到统筹兼顾、全盘考虑，因为议事日程不是由一方说了算，而要双方协商。因此，在确定谈判议程时，要事先跟对方打招呼，商量谈判的时间、地点，要兼顾双方的需要和想法。

（3）设计多套方案

在谈判之前，要把谈判中可能出现的情况都考虑进去，针对客户不同的出牌方式，设计多套应对的策略，并由此制定多套合作方案。这既是科学决策的需要，也是快速达成合作的需要。在这些方案中，有些合作方案是围绕理想目标制定的，有些合作方案是围绕实际目标制定的，有些合作方案是围绕最低目标制定的。

有了这些方案，我们在谈判中才不会因意外情况而忙中出错，掉进对手的陷阱。有了这些方案，我们在谈判中才有多种选项，才有多条退路，才能够按照优先顺序，先拿出最有利于我们实现理想目标的合作方案。如果没有达成这个合作方案，还可以退而求其次，拿出有利于达成实际目标的合作方案。最终，达成我们的谈判目标。

1.6 选定对你有利的谈判时间和场所

在谈判开始之前，我们需要对谈判时间和谈判地点进行精心安排。关于谈判时间，有两层含义：第一，什么时机、什么时间谈判最合适；第二，谈判持续多长时间。

在谈判中，如果你是买方的谈判代表，那最好避开“卖方市场时期”，即不要在卖方市场占主导地位时去洽谈合作。比如，目前产品处于供不应求的状态，如果你去谈判，那你就没有谈判的优势。

如果你是卖方的谈判代表，那最好避开“买方市场时期”，即不要在买方市场占主导地位时去洽谈合作。比如，目前产品正处于供过于求的状态，如果你去谈判，那就没有谈判的优势。

在夏天买棉衣，在冬天买风扇，在落市时买菜，在淡季时旅游，这都是选择对自己最有利的时机。当然，很多时候，我们没有时间去等待最利于自己的谈判时机和时间，因此要结合自身的具体情况去确定谈判的时机和时间。

相关研究发现，下午三点到六点最适合会面洽谈。在这个时段谈判，效果往往会更好。至于具体的时间安排，要根据双方的时间、精力而定。

除了考虑什么时候最适合谈判之外，谈判高手还会考虑什么时间不适合谈判。对于不适合谈判的时间，即便对手发出邀请，也要拒绝或拖延。比如，你想卖掉自己的二手小汽车，但并不是特别着急，你可以预设一个价格，等买家主动上门咨询。如果碰到急于想买车又不愿意出高价的买主，你可以采取拖延的办法，让对方不得不在价格上接受你的要求。

另外，一般来说，周一和周五不太适合谈判。周一之所以不适合谈判，主要是因为大家在周末休息后，会在这天规划接下来一周的工作，没有更多的时间来谈判。另外，刚刚过完周末，大家心理上会有一个过渡期，在这一天身心还没有进入最佳的工作状态。周五也不太适合谈判，因为马上就要到周末了，大多数人想着如何迎接即将到来的周末，无法把心思都投入谈判中。

至于谈判要持续多长时间，这个往往是谈判者单方面无法决定的。首先，需要根据谈判的主题来确定谈判周期，一般大宗的商业合作，谈判周期相对长一点，小额业务合作的谈判周期短。另外，还应根据谈判的进展来看，有时候谈判双方坦诚沟通，谈判进展顺利，可能几个小时就能结束一个大的商业谈判。反之，如果双方互不相让，小额业务谈判也可能持续多日，甚至中间会有僵局，有休会。

在了解了谈判时间后，我们还要选择对自己有利的谈判场所。谈判地点的选择，往往涉及谈判的环境心理因素问题，有利的谈判场所能增加自己的谈判力量。美国心理学家泰勒尔和他的助手兰尼曾做过一个试验，结果显示：大多数人在自己的客厅里谈话更能说服对方。这个结论表明，一个人在自己熟悉的环境中，比在其他不熟悉的环境中更能发挥个人说服力。这就是心理学上的“居家优势”。

日本的钢铁和煤炭资源严重短缺，而澳大利亚盛产钢铁和煤炭。日本想和澳大利亚合作，向其购买铁矿和煤炭。按理来说，日本作为买方，谈判地位应低于澳大利亚；澳大利亚作为卖方，在这场谈判中占据主动地位。可是，精美的日本人想方设法把澳大利亚的谈判代表请到日本去谈判。

澳大利亚人到了日本，语言不通、饮食不习惯、生活环境不适应，这一切都让他们很不舒服。没过几天，他们就产生了烦躁不安的情绪。所以，他们想早点结束谈判，离开这个不熟悉的环境，快点回到自己的国家。

再看日本谈判代表，个个都镇定自若，故意与澳大利亚谈判代表展开拉锯战。在核心问题上坚守着自己的立场，不肯向对方让步。结果，谈判陷入了一场持久战之中。如此一来，澳大利亚的谈判代表只能在这里待更长时间。

没过多久，澳大利亚的谈判代表在心理上就处于劣势，日本方面占据了谈判的主动权。最终，澳大利亚方作出了较大的让步，日本获得了谈判的胜利。

原本澳大利亚在这场谈判中占据主动，但由于谈判场所对他们不利，而导致他们失去了谈判优势。与此同时，日本方面在自己的主场谈判，让他们从劣势地位变为主导地位。可见，谈判场所对谈判成败有着重要的影响。

在谈判中，“居家优势”之所以能发挥作用，主要有以下几个原因：

1）谈判对手作为来客，在很多方面会有顾忌。

在人家的地盘上，对主人应当保持尊重，这是起码的礼节。所以，在谈判过程中，对手一般不会过分侵犯主人的利益。在对手有所顾忌的情况下，主方则可以放开手脚提条件，以赢得谈判。

2）在陌生的环境内，会产生一种心理压力。

进入一个陌生的环境，人会在诸多方面产生不适。尤其是在陌生的环境中住上几天，这种不适感会更加强烈。在努力调整自己的过程中，心理上就容易陷入被动，这不利于谈判场上发挥说服力。

3）在自己熟悉的环境，在自己的地盘，我们会有一种主人的心理优势。这会使我们更快地进入谈判角色中，不用分心去适应环境，这样就更容易发挥谈判优势。

所以，根据“居家优势”的原理，我们在选择谈判场所时，应该做到：

（1）尽量选择主场谈判

在主场谈判，在自己熟悉的环境中，我们会感到亲切、自然，较少有心理障碍，容易在心理上形成一种安全感和优越感。在主场谈判，我们在通信、联络、信息等方面都会占据优势，可以随时向领导请示、咨询和求助，还可以方便地获取各种信息资料，从而在谈判中保持灵活的态度。因此，在选择谈判场所时，我们应该尽量争取主场谈判。比如，以各种礼貌的邀请，劝说谈判对手来到我方主场。

（2）争取在中立场所谈判

在谈判场所的选择上，我们最好能够选择自己熟悉的环境作为谈判场地。如果做不到这一点，也应该阻止对方选择他们熟悉的环境作为谈判场地，以避免对方利用“居家优势”在心理上占据主导权，在谈判中占据优势。怎样阻止对方选择主场谈判呢？很简单，我们只须争取在中立场所谈判。比如，选择第三方场所作为谈判场所。这样对双方是最公平的，也能避免对方获得“居家优势”。

一般来说，选择中立场所谈判，通常为谈判双方关系不太融洽，彼此信任度不高时采用。中立场所对谈判双方来说都没有主场优势，有助于营造一种冷静的氛围，使双方在不受干扰的情况下沟通，便于消除误会，达成合作。

第2章

会谈判的人，前程都不差

好的开局等于谈判成功了一半

好的开始等于成功了一半，谈判也是如此。在谈判开局阶段，双方见面、寒暄、介绍以及针对谈判内容以外的话题进行交谈等一系列活动，逐步进入各自角色。这个阶段虽然只占整个谈判过程的一小部分，而且看似与整个谈判主题关系不大，却是决定谈判能否成功的关键。

2.1 一开场就要给对手留下好印象

只有当别人喜欢你时，他才愿意敞开心扉与你洽谈合作。这个道理再简单不过。在谈判中，如果你一开场就给谈判对手留下好印象，就很容易为谈判奠定好的开局。这也符合心理学上的首因效应，又叫第一印象效应，它指的是人们在初次见面时给对方留下的印象，会在对方心中占据主导地位。

心理学研究表明，第一印象在人际交往中的影响力持续时间最长，作用也最强，比后续得到的信息对于一个人的整体印象所产生的作用都要强。初次与某人接触时所留下的印象，通常决定着对方对我们的整体评价，也决定着我们是否能被对方记住。如果我们想在谈判对手的心目中留下一个好的印象，就要重视谈判时的个人形象。

张莹是一家公司的部门经理，在工作上她是个女强人，各方面的能力都很强，业绩表现也十分突出。有一次，领导派她去与一家公司进行业务谈判。在谈判开始之前，对方公司的代表赵峰认真地搜集了一些谈判对手的资料。他了解到自己即将面对的谈判对手张莹，无论是在工作履历上，还是在能力上都非常出色。这让他不由得心生敬意，对这次谈判充满期待。他觉得能与一位优秀的谈判对手进行业务洽谈将是一个难得的历练机会。

谈判当天，赵峰怀着期待如约来到双方约定的见面场所。没想到，见到这位女谈判对手后，赵峰对其好感大打折扣。原来，张莹以不修边幅的形象出现在他的面前：散乱的长发，没有化妆，穿着如睡衣般宽松的T恤，配上牛仔短裤，脚上穿着如板砖一样厚的人字拖，手提一个如麻袋般的大挎包。

见面后，张莹表现得很兴奋，先是尖叫着和赵峰打招呼："哇塞！这就是大名鼎鼎的赵经理啊！真是年轻帅气啊！"说着，她很主动地和赵峰握手。赵峰明显感到张莹的手黏糊糊的，有很多汗液。而且张莹握着他的手，长时间没松开。这种举动再次引起了赵峰的反感。

赵峰示意张莹坐下，很官方地问了句："可以开始谈业务了吗？先把你的产品资料给我看看吧。"

只见张莹打开大挎包，从里面翻找产品资料。手忙脚乱地翻了一阵后，终于拿出皱巴巴的产品资料。赵峰接产品资料时，突然失去了谈下去的意愿。他随便看了看，然后对张莹说："要不这样吧，我把材料带回去给我们领导看看，如果领导对你们的产品感兴趣，我再打电话给你。"

就这样，谈判还没开始，就已经结束了。

也许张莹的业务能力很强，但由于她不修边幅，给谈判对手留下了一个糟糕的第一印象，导致她的谈判能力没有用武之地。可见，初次见面能否给对手留下一个好印象，直接关系到谈判开局的成败，也在很大程度上影响一场谈判的成败。

双方初次谈判，如果你衣着整洁得体，行为举止落落大方，体现出充满自信的气场和认真的态度，往往就能给对方留下好的第一印象。相反，如果不修边幅，行为举止矫揉造作，则会给人留下不良印象。

根据心理学的观点，当一方给另一方的感觉或印象较好时，“喜欢”这两个字就开始发挥作用了。在我可以跟你合作，也可以跟他合作的情况下，由于我更喜欢你，我自然愿意跟你合作。这就是人的基本感情取向。所以，你给别人的第一印象是你与别人谈判的重要筹码之一。

那么，怎样才能在与谈判对手初次见面时，给对方留下一个好印象呢？如图2–1所示。

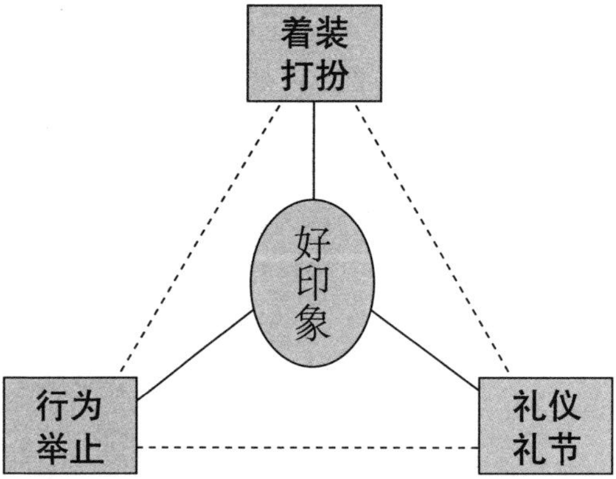

图 2–1　决定第一印象的三个关键

（1）在着装打扮方面，要整洁得体

在谈判时，谈判代表的着装打扮代表着个人形象，更代表着公司形象。尤其是正式谈判场合，谈判代表的着装打扮更是直接影响谈判的成败。如果在这方面不加注意，就很难给对方留下一个好的印象。

着装打扮主要表现为这样几个方面：

1）在正式谈判场合应该穿正装、皮鞋，打领带。服装的颜色应该选择暗一些的，如黑色、灰色、咖啡色，暗色的服装符合谈判场严肃的氛围，能够打造出一个专业谈判人员的形象。女士着装的颜色不可过于亮丽，否则会给人不庄重的感觉。

在非正式谈判场合，谈判者可以不穿正装，但也不能穿得过于随意。

2）谈判者的发型应该得体，切勿发型怪异，染着特别的颜色，而且应该梳理整齐。

3）女士可以适当戴些配饰，如项链、手环、胸针，但配饰切勿张扬，如大耳环就不太好。

（2）在行为举止方面，要自然得体

谈判场合，良好的行为举止能够体现出一个人的风度。反之，则会让人觉得粗俗、无礼、没教养。俗话说：站有站相，坐有坐相。在谈判场上，你的行为举止时刻都在对手的关注之中。所以，无论是坐还是站，都应该有一个端正的姿态，要给人一种大方得体的感觉。

1）站立的时候要保持端庄的姿态，不要倚靠着墙壁、桌子，不要弯腰驼背，一副松垮垮的样子。

2）坐的时候，不要跷二郎腿、抖脚，更不要四肢瘫软地坐在椅子上，否则会给人一种懒散不认真的印象。

3）走路时上身要保持挺拔，目光平视前方，不要东张西望。

4）在与谈判对手握手时，用力要适度，握手三秒左右为宜。不可用力地握手，也不可长时间和对方握手，尤其对方是异性时，这样很容易引起别人的反感。通常，东道主一方应先伸出手，和对方握手。男士应等女士伸出手，再与对方握手。晚辈应该等待长辈伸出手，再与对方握手。

5）当对方讲话时，我们的身体应适当前倾，头部微微向前伸，这种表现能够让对方感觉到我们听得很认真，容易赢得对方的信任。

6）在谈判场合，不要与异性谈判对手有过于亲密的举动，比如，勾肩搭背，盯着对方看，这些举动会让人觉得轻浮，会引起不必要的误会。

（3）在礼仪礼节方面，要热情礼貌

在双方见面时，作为谈判的一方，应向对手表现出应有的礼貌。比如，见面介绍时，按照商务礼仪，应该先把职位低的谈判代表介绍给职位高的谈判代表，或先将年龄小的谈判代表介绍给年龄大的谈判代表，或先将男性谈判代表介绍给女性谈判代表。

在做自我介绍时要自然大方，不可露傲慢之意。在被人介绍到时，应起立微笑示意，也可以礼貌地说“幸会！”“请多关照！”等。询问对方姓名时，要客气礼貌，如“请教尊姓大名”。如果对方递给你名片，应该双手接递。介绍完毕，可选择双方共同感兴趣的话题进行交谈。稍作寒暄，以沟通感情，创造温和气氛。

初次见面，要避免说一些“哎”“哇”等感叹词，这样会让人觉得你不够沉稳，不值得信任。在用词上，切忌使用粗俗的言辞。毕竟谈判是一件正式的事情，文明、礼貌、庄重的语言有利于营造良性的谈判氛围。

2.2 说好开场白，拉近与对手的距离

在谈判中，说好开场白是十分重要的。谈判对手听你说第一句话要比听你之后说的话认真得多。当他们听完你说的第一句话后，就自觉不自觉地对你产生一种主观印象。这种主观印象会影响谈判对手对此次谈判的态度和预期。

好的开场白可以迅速拉近与谈判对手的心理距离，营造一种轻松愉快的友好氛围。哪怕双方是初次合作，也能使大家像老朋友见面一样感觉良好。然后，大家带着好心情和美好的期待开启谈判。我们常说“好的开始是成功的一半”，好的开场白就意味着谈判开局策略成功了一半。所以，谈判高手都非常重视谈判的开场白。

郭超是一家公司安防产品公司的销售经理。这天，他按照和客户刘总的约定，来到后者的办公室洽谈业务。见到刘总后，他先是热情地表达感谢：“刘总，您好！今天您能抽出宝贵的时间来接待我，我真的特别感激。”（感谢）

刘总笑脸相迎，示意郭超坐下来，还吩咐秘书泡上一壶好茶招待郭超。

郭超忍不住称赞道："前几天通电话时我没感觉出来，今日见到刘总让我有点意外，没想到您这么年轻就拥有这么大规模的公司，真是令人敬佩啊！"（赞美）

刘总不好意思地笑了笑，谦虚地说："哪里哪里，要想把公司做大做强，还有很长的路要走呢！能取得目前的成就，都是上天的眷顾和各个合作伙伴的支持啊！"

"刘总真是个谦虚和懂得感恩的人啊！"（继续赞美）

停顿了一会儿，郭超接着说："刘总，现在企业越来越重视安防工作了。您作为企业的老板，相信非常关心怎样合理配置安防资源，用更少的成本来营造更安全的经营环境。所以，我今天特意前来和您聊一聊安防产品，看看我们的产品能否为你们公司的发展贡献一点力量。"（介绍来访目的，关联客户利益）

"前几天在电话中，听到你介绍到安防产品，我还是很感兴趣的，今天和你约定时间，就是想认真和你聊聊这个话题……"刘总面带微笑地和郭超谈了起来。

一般来说，谈判时忌讳一开始就谈论正题，明智的做法是选择一些题外话作为开场白，或说些得体的场面话，拉近双方的距离，从而为对方留下较好的印象。这样才利于谈判的愉快和顺利进行。

怎样才能说好谈判的开场白呢？有什么要注意的呢？

（1）礼多人不怪，客套话不可少

中国有句俗话，叫"礼多人不怪"。开场白中的客套就是一种礼貌，也是日常交往中的文化，更是谈判中的礼节。所以，嘴巴甜一点，客套话多说一点，非但不会引起对手的厌烦，还有利于双方的沟通。

开场白虽然看起来与谈判主题无关，但并不等于漫无边际地闲扯，而要有意识地通过它争取对方的好感，与对方建立好的关系。因此，建议客套话要以自然、亲切、真诚为主。比如，巧用称呼，在非正式谈判场合，见到客户时可以称呼“刘哥”“张姐”等，这会让对方感到很贴心。再如，注意观察对手的穿着打扮，找准亮点予以真诚的赞美，这会让对方感到开心。另外，表达真诚的关心和问候，这样也很容易打动对方。

（2）少说消极话，多用积极暗示

徐飞是一名销售员，工作半年多来，业绩一直糟糕。最近他很苦恼，周末吃饭的时候，向朋友感慨道：“也许我根本不是做销售的料。”经过一番询问，朋友终于发现了问题。

原来，徐飞每次见到客户时，都会这样打招呼，“王总，实在抱歉，周末打扰您了，还望见谅。您现在有时间吗？”“对不起，耽误您三分钟，给您介绍一下我们的产品好不好？”这些开场白看似很有礼貌，但它们有个共同特点：都是消极负面的暗示。

朋友告诉徐飞：“你没必要总是跟客户道歉，因为你耽误他的时间，是为了给他带去利益。事实上，如果客户买了你的产品并由此获得了利益，他感激你才对。你道歉太多，表现出来的是自信心不够，还会给客户传递负面情绪。”

朋友建议徐飞用积极的话语作为开场白。比如，“王总，能在周末见到您，真是太高兴了。今天约你见面，是因为有个好消息要告诉你……”这样的开场白既表达了自己的心情，也表达了对自己产品的信心。而且好的心情和情绪还能感染到客户，试问，客户怎么会拒绝一个能带给自己快乐的人呢？

后来，徐飞按照朋友的建议去做，果然取得了很好的业绩。

好的开场白应该是积极的，给人好的情绪感染的。当双方坐在一起，就某个主题进行谈判时，对方期待的是听到积极的信息，如果一开场就送上消极的话语，这显然不利于营造好的沟通氛围。所以，建议大家在谈判开场白中多用积极的言辞。

2.3 围绕对方感兴趣的话题展开

美国纽约一家电话公司，曾对电话中的内容做过详细调研，以了解哪些词汇在电话中最常用。结果发现，“我”是人们用得最多的。在500次通话中，“我”被用了3990次，这充分说明了一个道理：人是一个以自我为中心的物种，人们对自己感兴趣的程度，远远超乎自己的想象。这是人性的弱点，也是谈判高手说服他人时可利用的突破口（图2–2）。

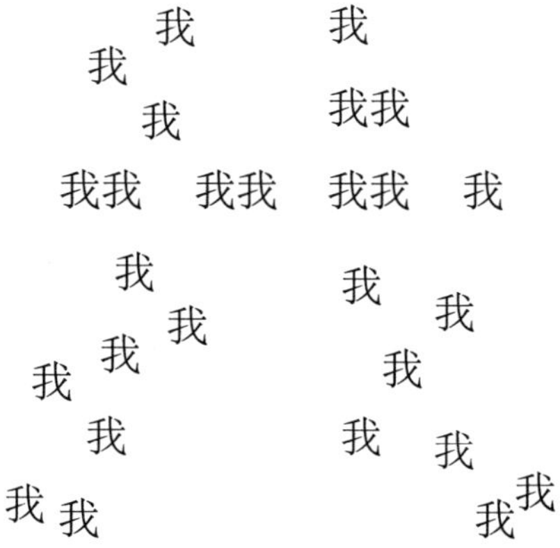

图 2–2　人们对自己最感兴趣

在谈判中，你肯定希望一开口就让对方喜欢你，以便在后续谈判中，顺利达成自己的目标。要想实现目标，你可以利用对方渴望得到他人关注的心理倾向，先聊聊对方感兴趣的话题。当你们之间建立了好感，对方就更愿意在谈判中让步了。

纽约市一家银行的职员查尔斯·华尔德，受命准备一份关于某公司的重要文件。通过了解，他得知另外一家公司的董事长很了解那家公司，手里还有那家公司的相关材料，就去拜访那位董事长。

他走进董事长办公室，董事长的女秘书前来报告："董事长，今天没有什么可以给他的邮票。"

原来，董事长正在给他12岁的儿子收集邮票。

华尔德说明了自己的来意，然后问董事长一些问题，但对方回答得很笼统。之后，华尔德就被对方找了个理由打发出来了。

回去的路上，华尔德突然想到董事长的儿子喜欢集邮，同时又想到自己所在银行的外汇兑换部有各种邮票——从世界各地寄来的信件上取下来的邮票。于是，从所在银行的外汇兑换部挑选了几张少见的邮票，第二天再次去拜访那位董事长。

见面后，华尔德说："我这儿有些邮票，估计您儿子会喜欢。"

董事长看了邮票后，露出满脸笑容，说："谢谢你！我的儿子肯定会喜欢的！"

接下来，董事长花了一个多小时谈了他所知道的关于那家公司的一切情况，还把下属叫进来帮着补充。

古罗马著名的诗人西拉斯说过：“我们对别人产生兴趣的时候，恰好是别人对我们产生兴趣的时候。”当华尔德对董事长儿子的集邮产生兴趣，并赠送几张邮票给对方时，一下子就得到了董事长的好感。这为后面获得资料扫除了障碍。由此可见，真诚地关心他人，迎合他人的兴趣，满足他人的需求，对取得谈判胜利十分有利。

（1）通过闲聊找到你们的共同话题

很多人在刚开始谈判时，不知道该如何进入主题。其实，从谈论对方的兴趣入手，给对方留下好的印象，再逐步进入正题是不错的策略。只要你能聊到对方的兴趣，你们之间就很容易产生共鸣，彼此的心理距离就会拉近，就不会那么防备对方。这会为后面的谈判打下好的基础。

一天，苏明拜访一家公司的业务经理，结果聊天中他发现对方和自己毕业于同一所大学。而且两人有个共同的物理老师，那位老师还很有个性。于是，他就和对方聊那位老师。双方聊得很愉快。

在交流的过程中，苏明又发现他们有很多其他的共同兴趣爱好。拜访顺利达成了目标。更可喜的是，在接下来的几年中，他们像老朋友一样合作，苏明从那家公司先后拿到了数百万元的订单。

在正式谈判之前，你可以通过闲聊的方式找到对方和你共同感兴趣的话题，找到你们的共同点。比如，你们有共同的兴趣爱好，你们来自同一个地方，你们毕业于同一所学校。这样就可以快速拉近你和对方的距离，为后续的谈判做好铺垫。

当然，为了更顺利地找到对方的兴趣爱好，找到你和对方的共同点，你可以事先了解对方的情况。不过，这个办法也是有局限的。对于头一次碰面或偶然接触的谈判对象，你是无从调查的，只能通过简短的聊天推测对方的兴趣爱好。

（2）找准对方的关注点适时加以赞美

心理学研究发现，当人们谈到自己感兴趣的事物时，瞳孔会不自觉地变大，语速也会明显加快，表情显得很兴奋。如果在谈判过程中，当你讲到某个话题，对方出现了类似情况，你就可以断定：这就是对方的兴趣点和关注点。这个时候，你只须围绕对方的关注点进行交谈，并适时加以赞美，就很容易赢得对方的好感。

刘丽是一家首饰店的店长。一天，一位容貌出众的年轻女性来到柜台前。刘丽上前热情地问对方需要什么样的首饰。

“我先看看！”对方冷冷地说。

刘丽根据经验判断，这位女士应该经济实力不错，因为她的着装很有档次，打扮得很有气质。而且她一直用手摸自己的上衣，似乎很喜欢这件衣服。于是刘丽试探性地问：“您的上衣真好看，和你的身材、气质非常搭！”

听刘丽这样一夸，那位女士一下子露出了笑容。

“这衣服的款式不常见，您是在哪里买的？”刘丽继续问。

那位女士略显得意地说：“国内买不到这款衣服。我是托朋友从法国带回来的！”

刘丽用惊讶的表情夸赞道：“我说呢，这衣服一看就相当有档次。如果再配个好看的首饰，就更好了。”

那位女士说："是啊，我也是这么想的，但我不知道搭配什么样的首饰好。"

随后，刘丽向那位女士推荐了几款高档首饰，对方经过比较，购买了一件最贵的。

在这个例子中，刘丽之所以取得谈判成功，关键在于她找到了女顾客的关注点，并适时加以赞美。由此一下子打开了女顾客的话匣子，为后续的销售商品打下了很好的基础。由此可见，找准谈判对手的兴趣点和关注点，适时加以赞美，是赢得对方好感、拉近双方距离有效的策略，也是谈判不可缺少的开局技巧。

2.4 巧用幽默营造和谐的谈判氛围

有时候巧用幽默开启谈判，可以快速消除谈判对手的戒备心理，营造轻松的谈判氛围，使对手积极参与到谈判中来，并最终欣然接受我方提出的要求。

美国著名的谈判大师荷伯·科恩有一次去墨西哥城主持谈判研讨会。当他抵达目的地时，入住的酒店已经客满。面对这种情况，荷伯是怎么做的呢？

荷伯·科恩来到经理办公室，问对方："我非常需要一个房间，请问你们能想办法给我挤出一间吗？"

酒店经理非常明确地说："不能！所有的房间已经住满了！"

荷伯·科恩又问："如果墨西哥总统来了，你会怎么办？你们肯定能为他提供一个房间，对不对？"

经理回答："那是当然的，总统光临寒舍，我们自然会盛情款待。"

荷伯·科恩一听，笑着说："好吧，总统可能晚些时候来，所以，在他没来之前，我先住他那个房间！"

酒店经理被荷伯·科恩的幽默和机智折服了。

最后，荷伯·科恩顺利地住进了“墨西哥总统的套房”。但是，有一个附加条件：如果总统来了，他必须立即让出。

当然，谁都知道墨西哥总统不可能说来就来的。

另外，在谈判陷入僵局时，如果能够用好幽默这把利器，也往往能顺利打破僵局。

当年，苏联政府计划从挪威购买一批鲱鱼，但精明的挪威商人们出价高得离谱。苏联方面派人与挪威谈判代表谈了一次又一次，换了一个又一个谈判代表，都没能成功。后来，苏联方面只好请亚历山德拉·柯伦泰担任谈判代表。

亚历山德拉·柯伦泰是谁呢？她是苏联著名的作家和演说家，还是世界第一个女大使。

在谈判中，挪威谈判代表伸出手掌，态度坚决地说：“五位数，就这个价！”

柯伦泰马上装出一副准备走的样子，说：“一位数，不然我到别处去买。”

挪威谈判代表马上拒绝道：“绝不可能！即便烂掉，也不卖！”

双方就这样僵持不下，谈判陷入僵局。

挪威商人们根本不在乎僵局，因为苏联人要吃鲱鱼就得找他们买。就算苏联人不找他们买，他们还可以卖给别人。而柯伦泰则拖不起，因为她临危受命，非成功不可。

过了一会儿，柯伦泰露出一脸愁容，尴尬地说："好吧，我同意你们的开价。但苏联政府肯定不批准，那么我只能先支付两位数的定金，剩余的差额我会用自己的工资支付。但我的工资有限，只能分期付款。算一算，这真是一笔不小的债务，看样子我要还一辈子债了。当我变成老太婆时，我的债主就变成一群老头了。"

挪威商人们忍不住大笑起来，笑过之后，他们一致同意把鲱鱼的价格降到苏联政府认可的数额。

在紧张凝固的空气里来一点小幽默，就如同在雪地上撒些盐，瞬间就可以让雪融化成水。当我们能够利用幽默的智慧，让对手在不知不觉中开怀大笑时，就可以轻松实现谈判目标了。值得注意的是，在运用幽默营造和谐的谈判氛围时，要遵循以下几点，如图2-3所示。

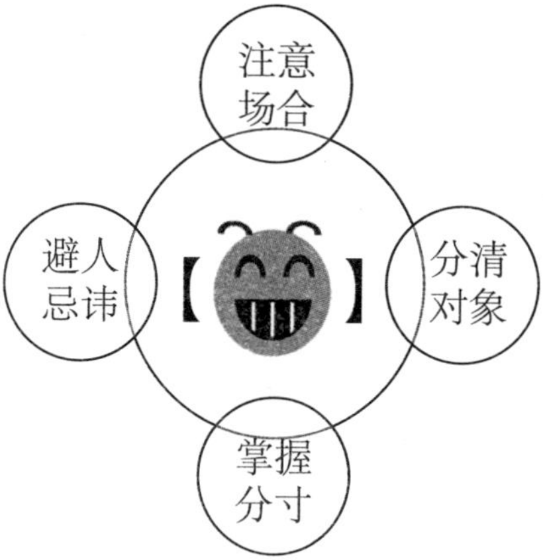

图 2-3　幽默式开局的四个要点

（1）注意场合

谈判一般在两种场合进行，一种是正式场合，一种是非正式场合。在正式场合谈判时，要尽量少用幽默，少开玩笑。而在非正式场合，可以针对具体的谈判对手，结合具体的谈判内容，适时运用幽默，制造轻松的谈判氛围。

（2）分清对象

不同的谈判对手对待幽默的态度和感受是不同的。有些谈判对手做事一板一眼，对待谈判严肃认真，如果你跟他玩幽默，他可能觉得你不重视谈判，从而对你产生不满和反感。而有些谈判对手性格开朗，你跟他玩幽默，他觉得你是个很有趣的人，从而对你好感倍增。所以，在运用幽默时要看坐在你对面的谈判对手是什么类型的人。

（3）掌握分寸

幽默是谈判的调剂品，适当地运用可以活跃谈判气氛，但如果运用过度，就会给人一种嬉皮笑脸的印象。谈判原本是一件较为正式的事情，理应用认真的态度去对待，如果对手见你总是嘻嘻哈哈，玩笑不断，他会认为你缺乏诚意，不重视这次谈判。这对谈判显然是不利的。

（4）避人忌讳

幽默是一种玩笑，但玩笑不一定幽默。因为有些人开玩笑时，喜欢揭人短，喜欢调侃别人的缺点。这样就容易伤人自尊，影响谈判对手的心情。所以，真正的幽默高手不会拿别人的短处来开玩笑，而是善于赞美对手，或是采用自嘲的方式调侃自己，以制造幽默搞笑的氛围，娱乐大家。

2.5 就谈判主题作简单明了的陈述

在谈判开场阶段，双方通常会针对本次谈判主题陈述各自的观点，以及建设性的想法。这样做是为了让双方把本次谈判所要涉及的内容全部提出来，同时使双方了解彼此对本次谈判所持的态度和立场。然后在此基础上，就一些分歧发表建设性的意见和建议，以求最终达成一致，达成双赢合作。

有一家实力雄厚的房地产公司，相中了A公司所拥有的一块极具升值潜力的地块。而A公司正想通过出售这块地获得资金，以便将经营范围扩展至外围。于是双方精选了久经沙场的谈判干将，针对土地转让的问题展开谈判。

谈判开始后，房地产公司的代表率先就谈判主题作出陈述："我们公司的情况你们可能也有所了解，经营状况非常稳定，效益也很不错，此次打算继续开发一个楼盘。今天洽谈的目标就是与贵公司本着平等协商的态度，达成双赢合作。时间就是金钱啊，我们希望能以最快的速度就这个问题达成协议，不知你们的想法如何？"

“很高兴能与你们有合作的机会。我们之间以前虽没有打过交道，但对你们的情况还是有所了解的。你们在本市很多地段开发了很多楼盘，我们公司不少员工也买了你们建造的房子，这可能也是一种缘分吧。我们确实有出售这块地的意思，但说实在的，我们并不急于脱手，因为除了你们公司外，还有几家公司也对这块地表现出了浓厚的兴趣，正在与我们积极接洽。当然了，如果你们的条件比较合理，我们还是愿意优先与你们合作的。”

以上就是谈判开局的陈述环节，双方均表明了对此次谈判的态度、立场和想法。房地产公司先是简单介绍了自己的实力，表明了想要达成合作的决心。A公司也表现出了对谈判的诚意和合作的意向，但也特别提到了“不急于脱手”，以施压于对方，看对方如何回应。

开场陈述的内容主要包括以下几点：

①我方的立场——我方希望通过洽谈取得怎样的利益，达成怎样的目标，准备采取何种方式为双方共同获得利益作出贡献，还有今后双方合作中可能出现的成绩或障碍，以及洽谈的方针等。

②我方对问题的理解——我方认为本次谈判应涉及的主要问题，针对这些问题我方有什么看法或建议等。

③我方对对方各项建议的回答——当对方陈述或提出某项建议时，我方应就此作出相应的建议或陈述。

一般来说，开场陈述的方式分为两种：一种是提出书面方案发表意见，另一种是双方进行口头陈述。至于到底采用哪一种陈述方式，应根据具体的谈判环境而定。

如果不是大型的商业谈判，双方开场更多是采取口头陈述的方式，它的优点是灵活性强。谈判者可以根据在开场对方所表达出来的立场、诚意及谈判中所出现的具体情况，灵活地调整自己所陈述的观点，从而更好地应对谈判局面。还可以充分利用感情因素，充分利用谈话的内容、语气、声调等方式及其时机的把握等去建立某种人际关系，从而有效地影响对方，使对方不好意思提出异议。

当然，口头陈述也有缺点。比如，陈述时容易跑题，或面对复杂问题时叙述不清；容易发生误解，且一旦没有控制好个人情绪，容易出现冲动，甚至使谈判陷入僵局。因此，为了避免口头陈述对谈判造成不良影响，我们在开场陈述时应使用以下几种语言，如图2-4所示。

图 2-4　开场陈述的四种语言

（1）缓冲语言

在谈判开局阶段，为了营造和谐的谈判氛围，我们在陈述观点时应多用缓冲语言，而要避免使用对立语言。比如，当你不认同对方陈述的观点时，你可以说："你的观点是有道理的，不过我有另外一些看法，不知道对不对……"这样既没有直接否认对方的观点，又以一种商量的口气表达了自己的看法。对方的观点得到了一定程度的肯定，就不会对你产生反感，更愿意平心静气地和你商讨问题。

（2）解围语言

有时候谈判一开始，就充满了火药味，面对这种局面，我们在陈述观点时，要尽可能地使用解围语言。比如，"我觉得今天我们坐在一起，就是一种缘分。我建议大家本着合作互信的态度，争取达成合作！""我想这样做，对双方都是不利的！"这样可以表达我方对谈判的态度，或指明当前局面的危险。因此，这样一般会使气氛变得好起来。

（3）弹性语言

所谓弹性语言，指的是根据谈判对手的语言风格，灵活地选择相应的语言风格来陈述观点。如果对方谈吐优雅、文明礼貌，我们也应该尽可能文雅一点；如果对方朴实无华、语言直接，我们也应该尽可能坦诚一点。这种做法不仅能够快速而有效地缩短谈判双方之间的距离，更有利于推进谈判的进展。

（4）肯定语言

对方陈述观点时，如果说了一些愚蠢的话，我方最好不要直接指出来。明智的做法是，尽量看到对方正确的地方，并且诚恳地指出不足。因为你无法使一个受到指责的人同意你的观点，除非你肯定他。

了解了开场陈述的几种语言后，我们在开局陈述中还应该注意遵循以下几种语言风格，如图2–5所示。

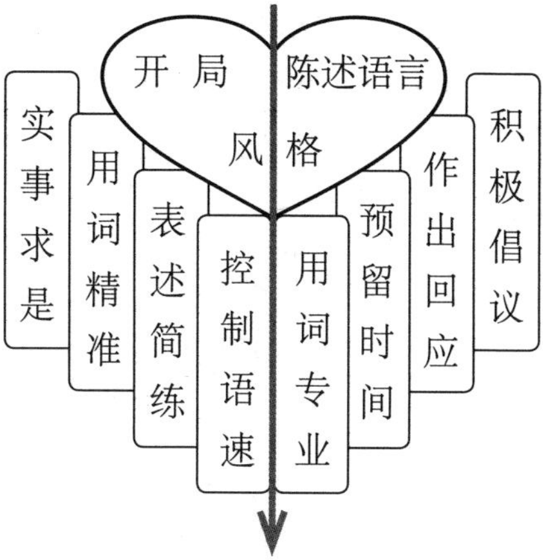

图 2–5　开局陈述的语言风格

（1）实事求是

在谈判开场的观点陈述时，介绍己方情况要做到实事求是，评价对方产品质量、性能要客观。这样能使对方看到我们的诚意。假如我们用欺骗性的语言介绍己方的情况，用否定的语言打击对方的产品或服务，只会引起对方的不满。

要知道，世上没有不透风的墙，一旦被对方识破你的欺骗，那么不仅会破坏谈判双方的关系，使谈判蒙上阴影或导致谈判破裂，还会给企业的信誉带来极大的负面影响。商务合作，诚字当先，这不仅是人品问题，更是合作的准则。

（2）用词精准

在陈述观点时，一定要注意用词的准确性，让对方明白我方的态度。反之，如果用词含混不清，对方就容易误会我们，甚至可能产生不必要的纠纷。

（3）表述简练

表述切忌啰唆，否则，就无法有效地表明自己的意图，还可能使对方产生疑惑、反感情绪。

（4）控制语速

谈判者应该给对手一种沉稳、从容的印象，在表述时应不急不缓，该快的时候快，该慢的时候慢。同时，结合语调的变化，达到有效强调观点、表明态度的目的。

（5）用词专业

在谈判中，为了让你看起来更专业、更有实力，可以在开场陈述时适当运用一些专业术语。但有一点必须牢记：用了专业术语后，一定要进行解释，不然谈判对手可能听不明白，影响其理解。有些人用了专业术语后不做解释，以为对方能理解，其实这过于想当然。要知道，对方不一定是专业人员，更多的可能是业务代表、业务员，不了解专业术语的含义。

（6）预留时间

在陈述完毕后，可以问对方，“我是否说清楚了？”“这是我们的初步意见！”“我们的想法大概就是这些！”然后留出一定的时间让对方思考，表达意见。要把对方视为回音壁，注意对方对自己的陈述所表达的态度，并寻找出对方的态度与我方态度的差别。

（7）作出回应

在开场陈述时，我方要陈述，对方也要陈述。对于对方的陈述，我方要做到：集中注意力认真倾听，而不要把精力用在寻找对策上；要搞懂对方陈述的内容，如果有不清楚的地方，可以等对方陈述完毕向对方提问；要善于归纳总结，在对方阐述完毕后把对方的意思简单地规划一下，以确认对方的态度、立场和观点，以免理解错误。

（8）积极倡议

当双方陈述完各自的观点、态度和立场后，如果彼此间存在一定的分歧，这时我方可以发出倡议。所谓倡议，指的是建议双方把目标聚焦在如何达成共同利益上，并提出一些建设性的想法，以化解分歧，达成一致。积极倡议是谈判诚意的一种表现，也是搭起通向最终成交的桥梁。

2.6 针对不同谈判对手的开局策略

在谈判中，遇到不同类型的谈判对手时，我们所采取的开局策略应该有所不同。如果谈判对手真诚友好，态度和善，诚意十足，我们也应该表现出足够的诚意，表现得坦诚友好。如果谈判对手一开局就咄咄逼人，试图在气势上压倒我们，想给我们一个下马威，我们也应该毫不示弱。

1991年，时任北京市副市长的吴仪被调到外经贸部担任副部长，主管中国知识产权谈判。要知道，这项工作可是让很多官员头痛的。不过，吴仪上任后，凭借“铁”性十足的谈判风格，很快就让美国人感到压力重重。

吴仪刚接手中美知识产权谈判时，在一次谈判中，美国人想给她来个下马威，谈判一开场就毫不客气地说：“我们是在和小偷谈判。”吴仪马上反唇相讥：“我们是在和强盗谈判，请看你们博物馆里的展品，有多少是从中国抢来的！”

经过几个回合的较量，美国贸易代表、号称国际贸易谈判圈中“铁女人”的卡拉·希尔斯自叹不如，她公开称赞吴仪既是国家利益的坚定维护者，也是坚韧的谈判者。

在谈判开局中，如果对手咄咄逼人，我们却一味示弱，只会纵容对方的嚣张气焰，让对方在后续谈判中更加不把我们放在眼里。当对手不把我们放在眼里时，他们开出的条件就会很苛刻，面对我们的讨价还价，他们很可能置若罔闻。如此一来，我们在谈判中就会处于极为被动的境地。所以，谈判开局的策略极其重要，开局策略用对了，才能为谈判奠定胜局。

那么，在谈判中应该运用怎样的开局策略呢？对于这个问题，前提是我们要了解对手的相关信息，摸清对手的谈判筹码，明白双方在谈判中的大概地位，再由此制定不同的开局策略。

第 1 步：综合分析谈判双方的谈判筹码。

当你将要和某公司展开谈判时，应该先从外围了解对手公司的相关情况，包括公司实力、发展状况、当前业绩、产品需求以及同行竞争者。如果对手公司实力强劲，发展势头迅猛，当前业绩出色，产品需求量很大，但同时也拥有多家合作商，你作为其中之一的潜在合作商，很想把握住这次合作机会。如此，你就处于相对劣势地位。

当然，这也要看你所在的公司实力如何。如果你所在的公司实力也很强大，也拥有良好的发展状况，且产品供不应求，并拥有多家稳定的合作商。那么，你在此次谈判中就拥有较多的筹码，就不会处于被动的局面。反之，如果“敌”强你弱，你急需与对方达成合作，以解决公司发展的燃眉之急，那么你就处于绝对劣势地位。

第 2 步：依据双方的筹码制定开局策略。

根据谈判双方不同的谈判筹码，我们可以制定四种开局策略，如图2-6所示。

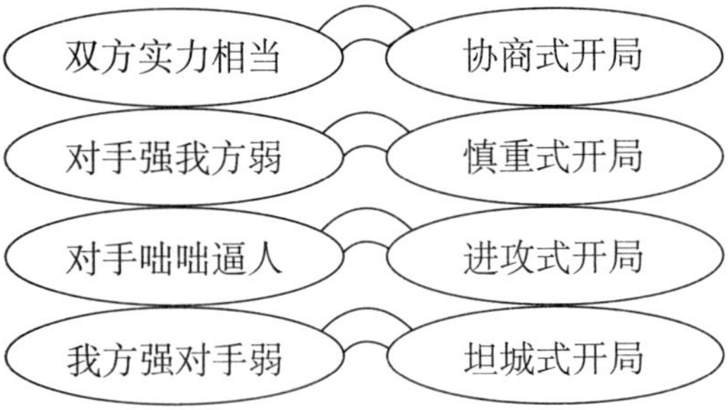

图 2-6　针对不同对手的开局策略

（1）双方实力相当时，采用协商式开局

当双方实力相当时，彼此都想与对方达成合作，那么在谈判中，双方通常会以协商的姿态开局。比如，先用礼节性的话打招呼，然后做自我介绍，然后在平等、合作的气氛中开局。再如，对方可能会说：“对于这次合作，我方充满了诚意和美好的期待，希望双方能够本着友好合作的原则开启今天的谈判……”

面对对方的这种姿态，我们应该以协商、肯定的语言进行陈述，使对方对己方产生好感，给对方一种“对谈判的理解高度一致”的感觉，从而使谈判双方在友好、愉快的气氛中展开。比如，我们可以说：“贵方的想法，正是我方的想法。此次开展合作洽谈，我方也是诚意十足，希望和贵方有一个美好的合作。”说这番话的时候，姿态上应该不卑不亢，沉稳中不失热情，自信但没有傲气，把握住适当的分寸，顺利打开谈判局面。

（2）对手强我方弱时，采用慎重式开局

当对手实力强劲，我方实力较弱，我方比对方更希望达成合作时，一般采用慎重式的开局策略。所谓慎重式开局，指的是以严谨、凝重的语言进行陈述，表达出对谈判的高度重视和鲜明的合作态度，目的在于引起对手的重视，让对手认真对待此次谈判。

慎重式开局还适用于双方有过商务往来，但曾有过不愉快的合作。这种情形下，我方要通过严谨、慎重的态度，引起对方对这次合作的重视。例如，“对于过去双方业务合作中的不妥之处，我们深表遗憾，希望通过本次合作能够改变这种状况，携手迈向新的发展阶段”。当我们表达出这种态度后，还可以用一些礼貌性的提问来考察对方的态度、想法，而不必急于拉近和对方的关系。

当然，这种开局策略也适用于我方对谈判对手的某些情况存在疑虑，需要经过简短的接触和了解。另外，慎重并不等于没有诚意，也不等于冷漠和猜忌，而是为了寻求更有效的谈判成果。

（3）对手咄咄逼人时，采取进攻式开局

所谓进攻式开局，指的是通过语言或行为来表达我方强硬的姿态，从而获得谈判对手的重视和尊重，并借以制造心理优势，使谈判顺利进行的开局策略。这种开局策略只在特殊情况下使用，例如，对手开场表现得居高临下，以某种气势压人，对我们缺乏应有的尊重。如果任由这种情况发展下去，对我方是极为不利的。因此，我们要主动化解不利，采取以攻代守的开局策略，捍卫我方的尊严和正当权益，使双方站在平等的位置上开启谈判。

在运用进攻式策略时，要做到有理、有利、有节。既要表现出我方的自信、自尊和对对手的不满，又不能咄咄逼人，以免造成气氛紧张，导致谈判一开始就陷入僵局。因此，一旦问题表达清楚，对方的态度有所改观，我们就要及时调整心态，以便营造友好、轻松的谈判氛围。

如果对方在我们的进攻式开局下，依然表现得不重视我们，我们可以采用一些刺激性的方法去应对。比如，质问对方："今天我们来这里干吗？是谈判来的，还是耀武扬威来的？你们还想不想合作了？"这番质问态度鲜明，对方往往会意识到自己的问题。

（4）我方强对手弱时，采取坦诚式开局

所谓坦诚式开局，指的是以开诚布公的方式向谈判对手陈述此次的谈判意愿，尽快打开谈判局面。这种开局方式比较适合长期合作的对手，双方过去有过合作，而且关系很好，互相比较了解。以这种友好的关系作为谈判的基础，双方不用兜圈子，坦诚相告，愉快交流。

当然，这种开局策略还适用于我方强对手弱的时候。我方本着尊重对手、重视合作的姿态，采取坦诚式开局，缓解对方的拘谨，以便双方敞开心扉展开谈判。另外，在我方实力不如对方时，也可以采用坦诚式开局——坦率地说明我方存在的弱点，使对方理智地考虑谈判目标。这种坦诚也表明我方充满自信、实事求是，且不惧怕对手的压力。这比"打肿脸充胖子"，故意唱高调来掩饰自己的弱点有诚意得多，也更容易打动谈判对手。

2.7 用你的专业性打动谈判对手

我们先来看一个故事。

一位男士走进一家位于加利福尼亚州沃森维尔市的银行，对银行经理说："给我5000美元，要不然我就炸了整个银行。"

银行经理不紧不慢地问："为什么你需要5000美元？"

男士说："因为如果我不能立即拿到5000美元，我的房贷就没法及时还上了。"

经理说："哦，那你不需要抢银行，而是需要贷款，为什么不跟我去一趟办公室呢？我们可以让你填好贷款需要的文件！"

案例中的男士抢银行成功了吗？答案是否定的。为什么面对他的抢劫要求，银行经理毫不慌张？因为他表现得一点都不像一个抢银行的嫌疑犯，也就是说一点也不专业。

首先，抢银行不会是一个人，而是团伙作案；其次，抢银行不会手无寸铁，而是手握武器，甚至进门就开枪，制造紧张气氛，引起大家的重视；再次，抢银行不会只抢5000美元，因为冒着大风险抢这点钱根本不值得。最后，男士的声音不够有气势，不能使人恐惧，这也是他不专业的地方。

反之，看看那位银行经理，其谈判的表现堪称专业。首先，面对威胁，从容淡定；其次，懂得用问题了解对手需求；最后，他善于引导对手，使对手按照他的建议作出更理智的决定。

专业性是影响力的重要来源之一。在谈判中，如果我们能表现出专业性，给人一种权威感，那么就很容易打动对方，促成谈判胜利。

1998年，乔布斯为了重振衰败的苹果公司，开始向社会广泛招聘优秀的工程师。

乔布斯招聘人才非常严格。

当时有个年轻人参加了乔布斯主持的面试，但由于其没有吸引人的履历，没能通过面试。年轻人很沮丧，坐在大厅里发愣。晚些时候，乔布斯穿过公司大厅时看到了他。

见到乔布斯过来，年轻人鼓起勇气走向前说："可不可以让我向你展示一个作品？"

乔布斯认为年轻人是在浪费他的时间，但还是勉强答应了。

年轻人马上打开电脑，为乔布斯展示了一段视频。视频里，年轻人将所有的图标都排列在屏幕的下方，当他把鼠标停留在某个图标上时，那个图标就自动放大。

乔布斯看了大吃一惊，当场决定录用那个年轻人。后来，那个年轻人把他的成果融入了苹果电脑的操作系统，结果受到了用户的喜爱。再后来，他还发明了多点触控屏幕的惯性翻页功能，这个人性化功能最后被应用在了苹果手机和平板电脑上。

一贯善于说服别人的乔布斯为什么能被年轻人打动呢？这与年轻人采用的说服方式有关——他向乔布斯展现了出色的专业能力，让乔布斯认为他是软件设计方面的专家。实际上，年轻人虽然具有一流的设计水平，但远远算不上专家。

深入思考这个案例，会发现，乔布斯是受到了权威效应的影响。所谓权威效应，又名权威暗示效应，指的是一个人如果地位高、有威信、受人敬重，那么他说的话就容易引起别人的重视，容易被人们相信是正确的。

权威效应之所以存在，首先是因为人们有一种安全心理，即人们总是认为权威人物是正确的代表，听权威人士的话没有错，很保险，很有安全感。其次，是因为人们渴望赞许的心理在作祟，即人们总认为和权威人士保持一致，按照权威人士的要求去做事，会得到各方面的赞许。

在谈判中，如果我们能利用人们普遍存在的权威效应心理，不失时机地表现自己的专业性，那么就很容易打动谈判对手，顺利促成合作。

（1）以专业知识作为谈判依据

谈判就是当事人双方为了各自的交易条件，与对方进行磋商、洽谈。在这个过程中，必然需要语言和文字的作用，通过一定的逻辑性表述来给对方摆事实、讲道理、说明情况、协商异议、化解分歧，最终说服对方。因此，谈判的过程离不开专业化的知识。

正如英国哲学家培根所说的，知识就是力量。如果我们具备较强的产品专业知识、产品制造知识、成本分析知识，那么，我们在谈判中就很容易影响对手、说服对手。

（2）表现出职业化的谈判礼仪

在谈判中，除了我们所说的话要体现出专业性，我们的一举一动都应该充分展现一个职业谈判者的风采。这种专业性来自你的微笑，来自你的握手。就像沃尔玛的员工一样，最好微笑时露出八颗牙齿，握手的时候要充满热情。

这种专业性还来自你的穿着打扮，要穿得像个专家，像个有影响力的人物。如正式谈判要穿正装、皮鞋，打领带，要有整洁干净的仪容仪表。这种专业性还来自你做事有规矩，办事讲原则，比如，谈判议程要合理，合同文书的格式要规范，等等。

（3）出示相关机构的权威证书

在谈判中，涉及产品介绍时，为了让对方相信你的产品质量足够好，可以向对方出示相关机构的质量鉴定证书，还可以出示专业人士、社会名流对产品的好评，也可以出示相关权威媒体对产品的正面报道。这些都能表现出产品的影响力，从而为谈判争取有力的筹码。

第3章

问出你不知道又想知道的答案

谈判时若能让对手多说话，你就会占有一定的优势。因为当对手开口说话时，你可以从中了解与谈判相关的信息；对手说得越多，你了解到的信息就越多。怎样让对手多说话呢？其实很简单，你只要掌握了正确的提问技巧，通过有效提问，就能问出你不知道又想知道的答案。

3.1 问题提得好，谈判就会事半功倍

不知道你是否发现：在谈判过程中，很多人都害怕提问题，因为问东问西会引起对方的反感。但实际上，这个问题根本就不是问题。为什么这么说？因为如果对方不高兴，不想回答，他完全可以不回答。即便他不回答，我们也同样可以获取很多有用的信息。

记者就经常做这种事情——不厌其烦地追问被访者，甚至有意问被访者一些带有刺激性、挑衅味道的问题。如果被访者愤怒地拒绝回答，那么记者就会针对这种表现进行各种可能性的推测，然后在报道中大做文章。

通过直截了当的提问，了解对手的想法和需求，以避免无端猜测造成不必要的误解。关于这一点，世界谈判大师、美国前总统比尔·克林顿的首席谈判顾问罗杰·道森深有体会。他经历过这样一件事：

有一对老夫妻购买了某公司的一个壁炉，结果该公司工作人员安装不当，导致壁炉在使用过程中把老夫妻家里的墙壁熏黑了，还将家里的地毯烧出了一个大洞。老夫妻给那家公司写了一封投诉

信，结果公司各部门都认为这件事很严重，并纷纷推卸责任。投诉信从这个部门转到那个部门，从这个人手里转到另一个人手里，就差转到芝加哥总部那里去了。

后来，罗杰·道森接手了这一起投诉案。他驱车前往老夫妻家里，路上他担心对方会索赔数百万美元。但见到老夫妻后，他只提了一个问题，就使这个看似棘手的投诉案迎刃而解。这个问题很简单："你们需要我们公司为你们做什么？"

没想到，老夫妻说："墙壁我们可以清理，只是地毯的洞太大了，我们不能解决，你们必须给我买新地毯。"

就这样，一起人人害怕的投诉案很快就解决了。

这个案例告诉我们两点：

第一，不要害怕在谈判中向对手提问，只有提问，你才能了解对方的需求和想法。

第二，问题提得好，谈判就会事半功倍。因为好的提问可以简化谈判事宜，让谈判顺利达成一致。

当然，谈判过程中的提问所能起到的作用远远不只这些。提问还能增进双方互信，活跃谈判气氛，引导谈判主题的走向，控制谈判的进程。谈判中，通过巧妙地提问，可以引导对手跟着你的思路走，使谈判朝着有利于你的方向发展。最终，说服对手与你达成合作。

客户孙先生经过比较，最终锁定了两个不同品牌的同级车。但由于两款车都有独到之处，他不知道如何取舍。其中，A品牌的车为刚上市的车型，其配置在同级车中是最先进的，比如，有VSA、换挡拨片、雨量感知雨刮、真皮座椅等。但这款车外形设计过于时尚，导致整体视觉效果不够宽大，而且轴距比较短，后排空间一般。而B品牌的车已经上市一年多，销量在同级车中表现十分抢眼。业界的评价也很高，虽然没有科技含量十足的配置，但后排空间很好。

这天，孙先生来到了A品牌的展厅，想再看看A款车，以便最终决定购买哪款车。以下是销售顾问与孙先生的谈判内容。

销售顾问："听了您刚才的介绍，我看得出来两款车都让您心动。说句实在话，买车选车是一件让人很纠结的事情，因为任何一款车都不可能把所有车型的优点集于一身。因此，我们选车关键要看是否能够满足自己的需要，看是否适合自己。在此，我想了解一下，在您过去用车的经历中，您是否遇到过在雨雪天气出行呢？"

孙先生："当然有这种情况，我做生意比较忙，有时候大雨大雪天还要出门谈客户。"

销售顾问："这样的话，我们这款车的雨量感知雨刮正好能满足您的需要。顺便再问下您，您觉得出席一些商务场合，特别是接送客户时，真皮座椅是否让您的车显得更有档次呢？

孙先生："那是肯定的，不过你们这款车的后排空间很一般啊！"

销售顾问："其实，像您这样做生意的人，大部分时间还是自己驾车。就算偶尔搭乘客人，后排的空间也是够用的。我们可以把前排驾驶室的座位调到合适的程度，然后坐到后排去感受一下。我们的座椅强调的包裹性，您坐着觉得舒适吗？"

孙先生："舒适性确实很好，好像空间也不小啊！"

销售顾问："是的，给您介绍了这么多，无论从实用性，还是从时尚角度，我们这款车都是最符合您需求的。所以，我向您推荐这款车。您还有什么疑问吗？”

孙先生：“听你刚才一番分析，我觉得你们这款车是我最需要的，我现在就提车。”

在这个案例中，销售顾问通过精准的提问，有效地引导客户发现自己的需求，不断寻求客户的认同，最终说服客户达成交易。可见，问题提得好，谈判就会顺利得多。

在实际谈判过程中，我们可以采用多种多样的提问方法，从谈判对手那里挖掘想要的信息，如图3-1所示。

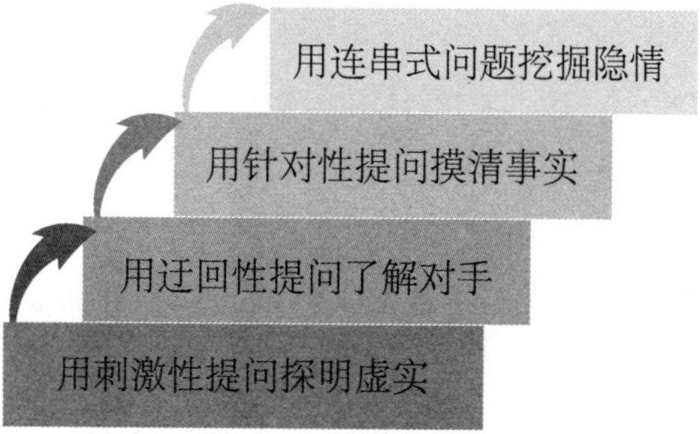

图 3-1　利用提问挖掘对手信息

（1）用刺激性提问探明虚实

在谈判中，我们可以问一些带有挑衅性的问题刺激谈判对手，然后根据对方的反应判断虚实。也可以向对手提出一些苛刻的问题，以探查对方的真实心理。这种问题一般用于我们不知道对手的实际意图，又不想随便应付时。

（2）用迂回性提问了解对手

有些问题不便于直接问，我们就可以采用迂回的方式去了解。特别是当你是谈判的主方，对手远道而来时，你可以利用自己的主场优势，尽显待客之礼。比如，邀请对方游览当地的名胜古迹，领略地方的风土人情，帮对方预订返程车票。通过做这些事，可以赢得谈判对手的好感，同时也能迂回性地提出一些问题，了解对手的相关信息。对于这些问题，对手一般会因为我们的热情相待而难以拒绝回答。

（3）用针对性提问摸清事实

谈判的时候，对于一些重要的事实，我们最好采用针对性、具体性的提问，而不要问一些笼统的问题，免得对手不知道从哪里回答。有时候，我们还可以把问题简化或分解，保证问题具体到点，以便对方可以用简单的“是”“否”“对”“错”来回答。

（4）用连串式问题挖掘隐情

有时候，你不知道对方是否另有隐情，可以通过大面积撒网的方式，问对方一连串的问题。如果对方回答某个问题流畅自如，就说明这不是他的隐情。如果对方在回答某个问题时吞吞吐吐、欲言又止，就可能说明这是他的隐情。一旦挖掘到对方的隐情，你就可以针对性地追问下去。

不管采用哪种方式提问，你都要注意自己提问的态度。有些问题要面带微笑、心平气和地问，有些问题要义正词严、一本正经地问，有些问题可以半开玩笑式地问。只要问题提得好，再配合恰当的语气、态度，就很容易获取对方的信息，摸清对方的底细，为你在谈判中争取有利局面打下良好的基础。

3.2 用提问赢得对方的好感与认同

在谈判初期，如果能赢得对手的好感，那么谈判就有一个好的开始，而好的开始是成功的一半。同时，在谈判初期，我们都希望获知对手更多的信息，以便在后续谈判中从容应对。那么，怎样才能既获知对手的更多信息，又能赢得对手的好感呢？最好的办法就是提问。

麦克·伯格是美国一家公司的头牌企业管理和销售培训大师。一个周五的下午，天气很热，伯格两点有个约会，但因行车顺利，他提前20分钟到达约会地点。为了不让这20分钟时间白白浪费，他决定拜访旁边一家规模较大的汽车销售店。

伯格走进店内，问一名销售员："你们老板在吗？"

"不在。"

伯格没有退缩，又问道："那他会在什么地方呢？"

"在旁边的接待室。"

伯格走到旁边的接待室，看到那位老板正在和销售经理商量事情，于是问道："您就是老板吧？我想您大概总是在想办法增加公司的销售额吧？”

“年轻人，你没看见我正在忙吗？今天是周五，又是午休时间，你为什么在这个时间拜访我？”

伯格充满自信地看着对方：“您真的想知道吗？”

“当然，我想知道。”

“好吧，我是刚从雷丁乘车过来的，我在两点有个约会，还有20分钟的空闲时间，因此我想利用这短暂的时间来拜访您。”稍作停顿，伯格压低声音问，“贵公司大概没有把这种做法教给您的销售员吧？”

那位老板听了这个问话，先是看了销售经理一眼，然后笑着对伯格说：“年轻人，请坐吧。”

短短几句话，就能赢得客户的好感和认同，伯格靠的就是提问。他的提问充满坦诚，也暗含着恭维，强烈地引诱客户的好奇心，可以让客户放下心中的怀疑，与之心平气和地交谈。

在谈判过程中，要想了解对手，又能赢得对方的好感和认同，提问是必须掌握的一门艺术。提问既要把问题讲清楚，又要能够打动谈判对手，让对方愿意敞开心扉回答你。如果对方都不想回答你的问题，说明你的提问是失败的。

著名节目主持人杨澜说过：“我们身边的教育大多数都是在教人怎么去回答，很少有教人怎么去问的。每次采访之前我都会很兴奋，也有点紧张，并不是因为嘉宾的地位、名头很大，而是我想究竟应该如何利用这短短的一个小时通过提问得到最好的故事。”可见，好的提问多么重要。

那么我们在谈判中，究竟该如何提问，才能赢得对方的好感和认同，让对方愿意敞开心扉回答呢？如图3-2所示。

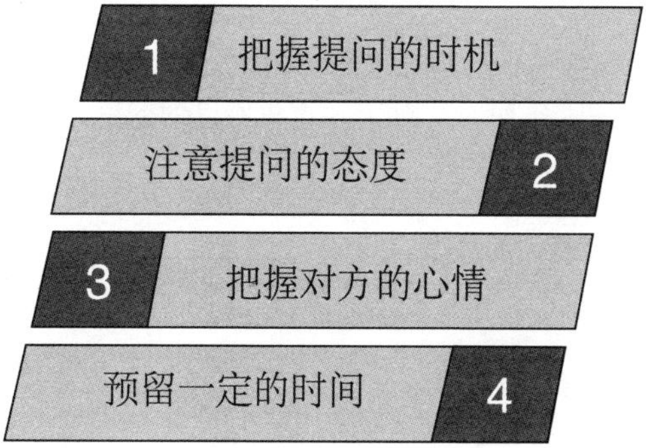

图 3-2　提问的要点

（1）把握提问的时机

在合适的时机提问，对方才觉得舒服，才愿意和你聊。一般来说，以下几个时机比较适合提问。

1）在对方发言完毕时提问。

当对方发言时，不要急于提问。因为打断别人发言是不礼貌的，容易招致反感。当对方发言时，要认真倾听，发现问题可以先记下来，等对方发言完毕再提问。这样不仅能体现我们的修养，还能全面完整地了解对方的观点和意图，避免操之过急，误解或曲解了对方的意图。

2）在对方发言停顿或间歇时提问。

如果你觉得对方的发言冗长、不得要领，你想纠正细节，把对方拉回到你想谈的主题上，那么，你可以在对方发言停顿或间歇时提问，“您刚才说的意思是……”“细节问题我们等会儿再谈，请谈谈您的主要观点好吗？”

3）在自己发言前后提问。

当谈判中轮到自己发言时，你可以在自己发表观点后，顺势向对方提问。比如，“对于刚才我所讲的问题，您有什么看法呢？”“我方的基本立场和观点就是这样，您对此有何看法呢？”

（2）注意提问的态度

同样一个问题，用不同的态度和语气来问，会给对方不一样的感受。如果你板着脸用不耐烦的语气问，就容易激发对方的逆反情绪，甚至激怒对方。如果你面带微笑，用热情的口吻提问，对方就会觉得很舒服，往往愿意把自己知道的告诉你。如果你态度强硬，连续追问对方，对方会有被胁迫的感觉。这会增加他的戒心。所以，提问时的态度要热情、友善。

另外，提问的态度还须结合提问的语速，语速快慢适中才好。因为语速太快，容易给人压迫感，让人反感；语气太慢，使人感到沉闷，让人觉得你好像不太想知道答案，削弱对方回答你的意愿。

（3）把握对方的心情

在谈判中提问，要注意对方的心情。对方心情好时，就容易满足你所提出的问题，对你敞开心扉。如果对方心情不好，那么对于你的提问，就可能三言两语地敷衍。判断对方心情好坏有一些方法，比如，看对方表情、语气是否兴奋，看对方的身体姿态是否表现出友好谈判的意思。如果对方时不时地看手表，时不时地向外面张望，说明他想离开了。这个时候提问，往往很难获知你想要的信息。

（4）**预留一定的时间**

提问的目的在于让对方答复并获得你想要的信息。因此，在提出问题后，要给对方一定的时间思考和组织语言。哪怕对方思考良久，你也要沉得住气，要保持耐心，最好别催促他。因为催促他可能扰乱他的思路，反而不利于他回答你。同时，你也可以利用这个时间，思考下一步的谈判如何展开。

3.3 闲聊式提问帮你挖掘有价值的信息

在谈判初期，真正的高手不会急于直奔主题，询问有关主题的信息。他们懂得开启闲聊模式，并提出一些看似不带目的性、无关紧要的问题。但是这些问题往往能起到试金石的作用，让对手在毫无防备的情况下透露出有价值的信息，如个人的职业、情绪、状态、近期的生意状况，等等。谈判高手掌握了这些信息，在后续的谈判中手握主动权，促使谈判朝着有利于自己的方向发展，最终在合作中实现利益最大化。

几年前的夏天，我在上海度假，接到某公司的委托，前往上海一家商贸公司进行一项合作洽谈。谈判开始后，双方都没有直奔主题，而是闲聊起来。我问对方："最近生活、工作都还顺利吧？"

他回答："还可以吧，就那样！"

他得知我正在度假，就问："你的假期生活还好吧？"

"还好，上海确实是一座很有魅力的城市！"停顿了一会儿，我问，"生意怎么样呢？"

"可甭提了，这个夏天生意很一般啊！"其中一位谈判对手说道。

“你们这个行业，这个季节应该是旺季吧？”

“旺季也就那么回事，而且下个周末旺季就要结束了。”

问完这些问题后，我心里很清楚，后面在讨价还价的谈判上会占据优势。因为对方公司的生意很一般，而且旺季马上就要过去了。

在后续谈判中谈到价格问题时，我对对方不断施压，要求他们在价格上作出更大的让步。

最终，我以比对方开价低60%的价格，同对方达成了合作。

在这个案例中，我以一个闲聊式问题“生意怎么样呢？”，从对方口中问出了很有价值的信息。我了解到对方公司的效益一般，而且旺季即将结束。因此，我手握大幅砍价的筹码。

在实际谈判中，与“生意怎么样呢？”类似的没有恶意的闲聊式问题还有：

（1）“一切都好吗？”

《沃顿商学院最受欢迎的谈判课》一书的作者，世界顶级谈判大师斯图尔特·戴蒙德曾表示，他经常会用“一切都好吗？”作为开场白。他还强调，这一看似普通的问题里，至少包含了四种谈判目的。

1）如果你在问这个问题后，表现得亲切健谈，那么很有利于和对方建立良好的人际关系。

2）作为一个问句，这一问题可以帮你搜集到跟对方有关的更多信息。

3）这个问题关注的是对方以及他们的情绪和感受，而不是谈判本身，不容易引起对方的戒备。

4）这个问题属于随意的闲聊，有助于营造轻松舒适的沟通氛围。

如果对方告诉你："我刚和家人从国外度假回来！"那么毫无疑问，他的心情应该很不错。而且，一个能够和家人去国外度假的人，他的经济实力肯定不差，并且重视经营家庭。如果对方告诉你："最近没什么事，还是老样子。"要么真的没有发生什么事情，要么发生了不太好的事情，但他不想透露出来。无论对方怎么回答，你都能或多或少地了解到与之相关的信息。

（2）"事情进展如何呢？"

"事情进展如何呢？"这是一个友好的、随意的和合乎礼节的问题。它非常含蓄，且没有任何恶意。你所说的事情，可以指对方目前正在做的一件事。比如，对方在前期聊天中提到自己正在准备买房子、买车子、想让孩子出国深造等。也可以表示对方公司目前所遇到的某个问题。

"事情进展如何呢？"提出这个问题后，你要仔细听对方回答，因为即使在对方随意给出的回答中，都会隐藏令你感到意外的有价值信息。

（3）"为了这次洽谈，你投入了多少时间和精力呢？"

如果在谈判中，你发现对手为了能够达成这次合作，付出了很多心血，那么，你可以适时地问他："为了这次洽谈，你投入了多少时间和精力呢？"对方为这次谈判花费的时间、精力、情感、费用等越多，就越能够增加你在谈判中的筹码。这是因为：

1）对方投入得越多，越不愿意空手而归。

2）如果最后谈判失败，他们所投入的一切都会付诸东流。他们还会被同事瞧不起，被领导看扁，甚至还要向上司作出合理的解释。

3）促使谈判对手做一次成本效益分析：是不签协议，空手而归合算？还是作出让步，达成协议合算？

4）如果对方投入不多，意味着关键方面让步的可能性不高，因为谈判失败对他们来说损失也不大。

所以说，当谈判对手为了达成这次合作而投入很多时，你提出这个问题将会取得不同凡响的效果。

我曾经受人委托，就一份长期的大宗出版合作与一家大型跨国文化出版公司进行谈判。这家公司派出了五位代表参与谈判，大大加剧了谈判的紧张气氛。我很清楚这家公司对此次谈判的重视，他们准备了所有的谈判资料，从欧洲飞到北京，花费的时间和费用在5万~10万欧元，甚至更多。正因为如此，我才觉得我们这方在谈判中更有优势。当双方僵持不下时，我就直接问他们："太遗憾了，你们或许不得不空手而归了。为了这次洽谈，你们投入了多少时间、精力和金钱呢？"

他们的回答为接下来的谈判定了基调："老实说，我们花费了很多时间和资金，我们非常想达成协议。"

很快，对方的谈判团队就意识到，如果坚持不肯让步，他们就会白跑一趟。

事实上，我提出这个简单的问题，目的是礼貌地提醒他们，我在这场谈判中占有优势，他们应该让自己开出的条件更有吸引力。这样他们之前的投入才不会付诸东流。最后，经过进一步的协商，他们开出了更加优惠的条件，双方达成了合作。

值得注意的是，我们知道通过闲聊式的提问了解对手的相关信息，对手也可能这么做。他们可能问你，“一切都好吗？”“事情进展如何？”“为了这次洽谈，你们投入了多少时间和精力呢？”面对这样的提问，你怎样回答才不至于暴露出自己的关键信息，在后续谈判中被对方牵着鼻子走呢?

很显然，你在回答时应该谨慎一点，但又不能拒绝回答，否则连闲聊式的问题都不作答，会显得太没诚意。明智的回答策略是，尽可能含糊地应付，三言两语概括式地回答，甚至用虚假的回答迷惑对手。我们不妨看两个案例。

有位朋友和妻子想购买一辆新车。试驾结束，回到经销商的办公室，销售员问：“两位最近怎么样呢？”

夫妻：“很好，你呢？”

销售员：“好极了。你们是哪里人？”

夫妻：“我们是本地人。”

销售员：“你们两位从事什么工作呢？”

夫妻：“我们都在小企业上班。”

事实上，这位朋友和妻子都是律师，住在一个高档小区。他们为什么隐瞒自己的真实职业呢？因为两名精明强干的律师如果说自己买不起一款车，或讨价还价，往往不会被同情。

经销商：最近生意怎么样呢？

供货商：生意很不错，我唯一的愿望是能够多休息一下，但却没有时间。各大客户要货很多，我们只能尽量满足他们的需求，你那边生意怎么样？

你看，供货商的回答就是在暗示经销商：如果你在谈判中不作出令我们满意的让步，如果你不跟我们合作，我们一点都不在意，跟我们合作的人有的是。

3.4 封闭式提问让对方不断回答“是”

心理学研究发现，当一个人在说“不”以表达拒绝时，全身肌肉、神经、内分泌腺都会紧张。这种紧张感会影响到他的心理，让他的态度变得僵硬起来。而当一个人在说“是”以表达认同时，其身体机能和心理反应是放松的。因此，想赢得他人的好感和认同，就要设法让对方说“是”。

在谈判中，如果你想打破对手的心理防线，让对手消除对你的戒心，让对手认同你的观点，最好的策略是利用封闭式提问诱导对方说“是”。所谓封闭式提问，指的是我们提出的问题是带有预设答案的，对方不需要展开，只需要回答“是”（对）或“不是”（不对）就行。马克·吐温就善用此招。

有一天，马克·吐温在大街上闲逛。当他经过一家书店时，看到店里正在出售自己的著作。他走了进去，向店员问明了书的售价，然后看玩笑似的跟店主谈判起来。

马克·吐温对店员说：“这本书是我出版的，我买这本书，理应享有原价50%的优惠，是不是？”

店员觉得马克·吐温的话有道理，就说："是的！"

马克·吐温接着说："我还是这本书的作者，我应当再享有50%的优惠，你觉得呢？"

店员又说："是的！"

马克·吐温又说："我是你们书店老板的好朋友，你是不是应该再给我25%的优惠？"

店员没有办法，只好同意了。

然后，马克·吐温一本正经地对店员说："根据刚才我们所谈定的条件，我认为拿走这本书是合情合理的。现在请你告诉我，这本书的版税是多少？"

这时店员拿起计算器算账，然后吞吞吐吐地说："先生，我算了一下，你拿走这本书之后，我们还欠你钱，数额是这本书的定价乘以37.5%。"

在谈判中，设法让对方不断说"是"，是谈判取胜的开始。如果对方一开始就说"是"，你就成功了一半。如果对方一直重复说"是"，那么你成功的概率就会达到99.9%，如图3–3所示。很多人在谈判中经常犯的错误是自顾自说，而不在意听者的想法，也不管听者是否认同自己的观点。当对方说"不"时，他们还浑然不知。这种沟通显然是无效的，是不可能说服对方的。

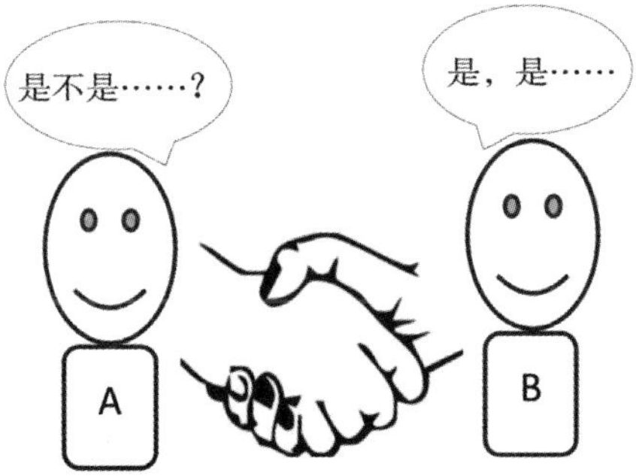

图 3-3　让对手不断说“是”的结果

那么，怎样才能让对方不断回答“是”呢？

（1）先肯定对方的“不”，认同对方的“不”

在谈判中，当你发现对方持有与你不同的观点时，你首先应该肯定对方、认同对方的观点。然后，慢慢地将话题转移到双方都赞同的部分。这样做的目的是消除你们之间的意见分歧，安抚对方的情绪，为后续的说服做铺垫。

一天，罗伯特所在的公司收到了一名客户的投诉信，对方在信中说他所购买的电动机质量有问题，使用一会儿就特别烫，连碰一下都不行，把他的手都烫伤了。公司派罗伯特去处理这起投诉。

见到客户后，罗伯特先跟着对方去工厂探究了一番，然后说：“既然是这样，那我们就不建议你再购买我们的产品了，您应该选购符合质量监督机构所要求的热度标准的电动机，以免给您造成身体和财产的损失。”

“是的！我就是这么想的！”

罗伯特面对客户的投诉，在探究了一番后，选择认同对方，甚至主动表示不建议对方再购买他们公司的产品。这样回答目的是安抚客户的情绪，消除他们之间的分歧。如果他不是认同客户的观点，而是否定客户的观点："不，我们的产品绝对不烫手，这绝对不是我们产品的问题！"那么，就很容易激起客户的反驳，导致双方的分歧越来越大，最后谈判肯定没办法继续下去。

（2）把对方不得不回答"是"的问题提出来

成功的说服是得到对方肯定的回答。要想得到对方肯定的回答，前提是你必须设计好你的提问，要设法让对方只能用"是"来回答你的提问，这样你就成功了一大半。一旦对方用"是"来回答你，他就不再抗拒你、戒备你，你说服对方的可能性就会大大增加。

继续上面的案例：

罗伯特说："根据质量监督机构的标准，电动机的温度可高过室温达华氏72度，是这样吧？"

客户说："是的！"

"您工厂的室内温度是多少华氏度？"

"75度左右吧！"

"75度加上72度等于147度（63.9摄氏度）！您想想，如果把手放在这么高温度的水里，会烫手吗？"

"当然会烫手！"

"是的，那以后在使用电动机时，不要用手直接触碰电动机了，以免烫伤，您说是不是呢？”

“是的！”

罗伯特通过有理有据和巧妙设问，让客户不断地说“是”。最终，圆满解决了这起投诉，并且说服了客户继续订购他们公司的产品。他能成功说服客户，就在于精心设计了提问，使客户只能回答“是”。否则，客户就是在违背客观事实。因为质量监督机构所要求的电动机热度标准是客观的，室内温度是客观的，两者相加的温度很烫手，这也是基本常识，客户根本没办法回答“不是”。

（3）在谈判中要学会调控自己和对方的情绪

在谈判过程中，即使你的提问没办法让对方说“不”，也不能保证对方一定认同你。因为每个人都有看问题的态度和角度。这个时候，如果你急着去反驳，又没有控制好情绪，往往会造成两败俱伤的结果。因此，在谈判的整个过程中，要学会调控自己的情绪。当你控制好自己的情绪，也有利于对方的情绪保持平和，降低发生冲突的可能性。

例如，当你上班迟到，领导批评你时，你内心会产生不良情绪。如果你直接回答领导：“不就是迟到几分钟吗？至于这么小题大做吗？我平时上班都很准时的，今天堵车了嘛！”那么，结果很可能再次招致领导痛批。如果你先克制自己的情绪，向领导承认错误：“是的，迟到了不应该，下次我一定注意！”然后再向领导说明迟到的原因，那么领导就容易谅解你。

3.5 利用反问掌握谈判的主动权

在谈判中，当对手提出与你不同的观点时，如果你一味地强调自己的观点，反驳对方的观点，是很难得到对方认同的。如果没有认同，是不可能达成合作的。

李思思代表公司与一家贸易公司的经理洽谈业务。在洽谈过程中，贸易公司的经理说："到现在为止，我所接触的厂商的产品报价都太高了。"

李思思说："不会吧？我们的产品报价虽高，但那是因为我们的产品质量过硬。"

客户说："我看你们产品质量也就那么回事。"

李思思说："那是因为你对我们的产品不够了解，我再向你介绍一下我们的产品……"

客户打断了李思思："不用了，我都了解，主要就是价格问题。如果你们的报价在我的接受范围内，我们还可以继续谈，否则就没有谈的必要。"

李思思说："我们的产品质量真不错啊……"

在这个案例中，客户一直处于主动位置，李思思从头到尾被客户牵着鼻子走，没有任何可以控制客户的空间。那么，面对客户的不认同，怎样才能打开谈判局面，掌握成交的主动权呢？其实，我们只须掌握反问的技巧。美国经理人保险公司的创始人沃克在谈判时就非常善用反问，下面是他与客户的对话：

客户：你为我推荐的方案听起来很不错。要不这样吧，你留一张名片给我，等我考虑两天再给你打电话！

沃克：你能认可我的方案我很高兴，但我可以问一下吗？为什么要考虑两天才给我打电话呢？

客户：因为我要仔细考虑这个方案是否适合我。

沃克：我能否再冒昧地问一句，为什么要仔细考虑呢？这里面有原因吗？”

客户：10年前，有人向我推销一款防盗门。他说得很好，也作出了各种承诺，所以我没怎么考虑就买下来了。结果，一天夜里盗贼打开了防盗门，把我家贵重物品洗劫一空。

沃克：哦，那真的很不幸。对于你的遭遇，我深表同情。有了那次经历，你在做决定时变得更加谨慎了，是吗？

客户：是的，从那以后我就养成了一个习惯，做任何事情都要仔细考虑，以免盲目决定。

沃克：哦，我明白了，我能理解你。那么除了这点外，还有什么因素阻止你接受我这套方案吗？

客户：其他的没了，主要就是这一点。

沃克：好的，那我等你回复我！

后来，沃克拿到了这位客户的保单。

面对谈判对手的异议，有些人觉得对方就像刺猬，应对起来很吃力。实践证明，遇到类似这样的困境时，利用反问可以帮你重新夺回谈判的主动权。

反问的类型有很多，在运用时须根据不同的情况来定，如图3–4所示。

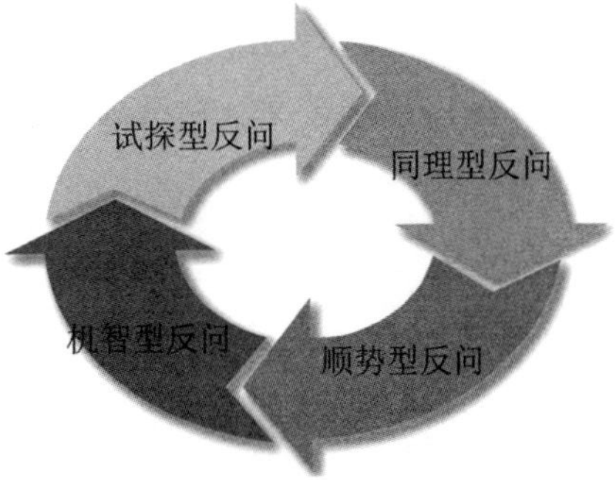

图 3–4 常见的四种反问类型

（1）试探型反问

面对谈判对手提问，正常的反应是作出回答，但有时候我们不清楚对方提问的动机，或不想直接回答，这时就可以用试探型反问作出回应。比如，谈判对手问你：“你们公司的产品还有别的款式吗？还是说只有你们所展示的这两种款式？”此时，你并不清楚对方究竟喜欢什么款式，也不知道他这样问的目的是什么。如果盲目回答，可能将自己置于一种不利的境地。因此，明智的做法是：

"你想要什么款式呢？"然后再根据对方的回答作出应对。

（2）同理型反问

所谓同理型反问，指的是面对对方不太友好的提问时，我们用对方提问的方式提出问题来回答对方。这种提问方式有一种"以其人之道还治其人之身"的味道，可以充分表达出我们的强硬姿态，也表达出我们对对方的不满。

一次，英国某电视台的一位记者采访梁晓声，问道："如果中国没有发生'文化大革命'，也就不会产生你们这一代青年作家，那么在你看来，'文化大革命'是好还是不好？"

面对这种刁难性的提问，梁晓声灵机一动，反问道："如果没有第二次世界大战，也就不会出现以反映'二战'而著名的作家，那么在你看来，'二战'是好是坏？"

顿时英国记者无言以对。

在这里，梁晓声用的就是同理型反问的技巧，既化解了自己的尴尬，又让对方陷于被动的局面。

（3）顺势型反问

所谓顺势型反问，指的是面对对手的提问，我们在回答后顺势发问，以转移话题。比如，当谈判对手问到你某个产品，不巧你公司没有这个产品时，可以运用反问来引导对方。又如，"你们有分红保险吗？"你可以反问："抱歉，我们公司不做这个险种，但我们有品种丰富的健康保险、养老保险、儿童教育保险，这几个保险中，您比较喜欢哪一种呢？"

（4）机智型反问

所谓机智型反问，指的是根据当时的情境，从不同的角度表达态度、倾向和观点，机智巧妙地回答对方。在谈判中，面对对手提出的一些异议，我们为了避免直接反驳激怒对方，就可以采用机智型反问来应对。比如，客户说："你们的产品质量太糟糕了，肯定不会有人买！"你可以说："是吗？其实我和你的看法完全相同，不过遗憾的是，只有我们两个人觉得它质量糟糕有什么用呢？用过它的人都说它质量很好。"

3.6 把握提问的分寸，莫让对手难堪

从某种程度上来讲，谈判的过程是一个双向沟通的过程。在沟通的过程中，互有提问都是必然的。但是谈判中的提问不能太随意，否则可能引起谈判对手不快，或导致谈判陷入僵局，甚至直接导致谈判失去继续下去的可能。

嘉瑞和客户洽谈合作项目时，见客户心事重重，就问了句：“怎么了？好像有心事啊！”

客户礼貌性地笑了笑，说：“没什么，都过去了，我们继续谈合作吧！”

很明显，客户是在委婉提醒嘉瑞别问了，可嘉瑞那天不知道怎么回事，特别好奇客户的“心事”。或许是见客户和自己年龄差不多，或觉得客户比较熟，毕竟这不是他们第一次合作，所以，他嬉皮笑脸地追问道：“都是大男人啦！有什么心事说出来吧！我特别好奇，说来听听。”

没想到一向脾气温和的客户突然火冒三丈，嚷道：“你什么意思啊？叫你继续谈合作，没听到吗？不想合作赶紧走！”

顿时，谈判气氛变得异常尴尬，嘉瑞被呛得不知道怎么回应。过了几秒，他才缓过神来，赶紧向客户赔礼道歉，可对方起身往谈判室外走了……

嘉瑞之所以惹怒谈判对手，就在于他没有掌握提问的分寸，问了不该问的问题。其实，这种结局完全可以避免，只怪他不懂得察言观色。如果他在对手的委婉提醒下，能够自觉地停止追问，转而谈论合作事宜，相信谈判会顺利进行下去。

德国著名物理学家沃纳·卡尔·海森堡说过这样一句话："提出正确的问题，往往等于把问题解决了一大半。"反之，如果提的问题不合理、不恰当，就等于把问题变得复杂。所以，在谈判桌上，学会掌握提问的分寸，提正确的问题非常关键。那么，怎样做才能掌握提问的分寸呢？如图3-5所示。

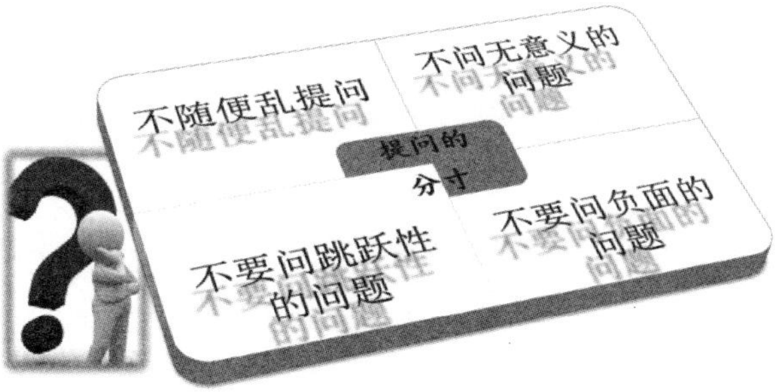

图3-5　掌握提问的分寸

（1）不随便乱提问

谈判的时候，如果对手心情愉悦，你却问了一个令人沮丧的问题，就会让对方觉得很扫兴。如果对手正在就某个问题滔滔不绝地发表观点，你却突然问了一个毫不相干的问题，就会让对方感到很失落，因为他会觉得你没有认真听他讲。所以说，谈判的时候不能随便乱提问，一定要结合对手的心情、问题内容、提问时机等来进行提问。

1）不要问带有敌意的问题。

在谈判时，不应该抱着敌意的心理向对手提问，提问的态度、语气和问题的内容不应带有刺激性和挑衅的味道。否则，很容易激起对手的不满，损害双方的关系，最终影响谈判的顺利进行。

2）不要问个人隐私方面的问题。

在谈判场合，冒昧地询问对手的薪资收入、家庭财产、感情状况等隐私，往往会引起对方的不快。当然，这也不是绝对的，如果对方先问我们的个人生活以及家庭情况，我们在回答后也可以适时问对方这类问题，这样反而有助于拉近双方的关系。

3）提问要顾及谈判对手的情绪。

谈判的时候向对手提问，一定要顾及对方的情绪，要尽可能确保所提的问题是对方乐于回答的。如果对方面露难色或答非所问，那表示他不想回答，这时就不应再继续追问，以免引起对方反感。

（2）不问无意义的问题

有些人在正式谈判中喜欢问一些不疼不痒的问题，或突然问跟谈判主题毫无关系的问题。这类问题或让对方无从回答，或容易引起对方反感。因此，要针对谈判主题提出具体的问题，让对手明白你问题的指向，便于回答。

（3）不要问负面的问题

在谈判中，提出问题并不只是为了获取对方的信息，也是为了赢得对方的好感，让对方心情愉快地和我们谈判。因此，尽量多问正面的问题。正面的问题会引出正面的答案，有利于营造愉快的谈判氛围。而负面的问题，往往会带来负面的感受，影响对方的心情。

（4）不要问跳跃性的问题

谈判的时候，双方谈论的议题一般都会遵循谈判的议程，先谈什么问题，后谈什么问题，这中间是有连贯性的。如果在对方谈论第一个议题时，你就急不可耐地提出关于第三个议题的问题，就会让对方感到很突兀。这样不仅会打乱对手的思路，还会打乱谈判的原定议程。所以，提问不能着急，要一个问题接一个问题地提。

3.7 不懂倾听，再好的提问都是无效的

有人认为，谈判是单纯的语言较量，谁能说会道，谁就能在谈判中取胜。为此，谈判开始后，就带着主动进攻的意识不停地说，总想把对方的话压下去，即便给对方说话的机会，也不注意倾听对方所说的内容。殊不知，这是对谈判的极大误解。

有一次，乔·吉拉德和一位客户进行了较为顺利的洽谈，眼看就要签约成交了，可是客户突然变卦。当天晚上，乔·吉拉德按照客户留下的地址，主动登门拜访客户，问客户为什么放弃交易。客户见乔·吉拉德很有诚意，就开门见山地说："其实我知道你们的汽车的确不错，也相信你的为人，但是当我在签约前跟你提到我的儿子准备上大学，你却没有任何反应。要知道，我是深深地以我的儿子为荣的，所以无法接受你的冷淡。"

客户的这番话让乔·吉拉德明白：纯粹的口才、优质产品和服务并不能让客户感受到自己就是上帝。有时候，客户讲话时你不小心的冷落，就会让他感到失望。反之，如果能认真倾听客户的讲

话，并认同对方的想法和感受，那么客户早晚都会与你合作。认识到这一点后，乔·吉拉德在后来的推销生涯中慢慢养成了认真倾听的习惯。不管能不能和对方成交，他都会充分尊重对方。结果，这种习惯给他带来了意想不到的收获，使他成为世界上最伟大的推销员。

美国《财富》杂志的记者曾经访问美国前驻联合国大使比尔·理查德森，记者问他："怎样才能成为一名出色的谈判专家？"理查德森说的第一个素质就是："你必须成为一位出色的聆听者。你必须学会尊重对方的观点。你必须知道对方心里在想什么。"由此可见，倾听在谈判中是多么重要。

为什么谈判中的倾听如此重要呢？一个很重要的原因是，通过倾听你可以获取对方更多的信息。很多人在谈判前做了充分的准备，搜集了关于对手的详尽资料。可到了谈判桌上，获取对方信息的意识就直线下降。有些人在谈判时，知道通过提问去了解对手的信息，可是由于缺乏倾听的意识，导致好的提问失去了意义。所以，想成为优秀的谈判者，不仅要善于向对手提问，还要懂得认真倾听。

席尔瓦是一家保险公司的头牌业务员。一次，他应邀参加了一个全国性的巡回演讲。这让他在圈内的名气大增。演讲结束后，他马不停蹄地与一家食品公司的总裁洽谈生意。

刚见面，这位总裁就向席尔瓦打听他的巡回演讲。席尔瓦明白，他与客户洽谈的目的是让客户与公司合作，购买公司的保险产品，而不是给对方讲故事。为了把对方的注意力从巡回演讲上移开，席尔瓦说道："我的巡回演讲很精彩，有机会找个时间好好跟你讲讲。不过，咱们好久没见面了，我非常想知道你的近况如何。怎么样，最近的生意还好吧？"

随后，这位总裁滔滔不绝地讲起自己的生意和家庭。席尔瓦非常认真地听着，不时点头与对方互动。总裁讲完，席尔瓦真诚地向客户表达了感激之情，因为客户跟他讲了非常动人的故事。就在席尔瓦即将告别时，不经意地问了客户一句："总裁先生，刚才你说公司管理人员流失率比较高，你有没有想过是什么原因呢？"

总裁说："我私下从那几位离开的管理人员嘴里了解到，他们抱怨公司的福利不够好，至于具体的原因我并不确定。"

席尔瓦说："如果你给每一位管理人员买份保险，你觉得他们还会抱怨公司的福利不够好吗？"

总裁说："这的确是个不错的主意。那么，具体该如何操作呢？"

就这样，认真听完总裁的闲聊，席尔瓦顺水推舟，获得了一个超级大单。

在这个例子中，席尔瓦取得谈判成功，并没有采用什么高深的谈判策略和谈判技巧，只是纯粹地倾听。通过倾听，他了解到客户公司管理层流失的信息。然后，建议客户给每一位管理人员买一份保险，以增加公司管理层的福利，得到了客户的认同。

需要注意的是，当你向谈判对手提出问题，对方在表达时可能会隐藏真实的意图。那么，应该怎样倾听，才能确保读懂对方的真实想法呢？如图3-6所示。

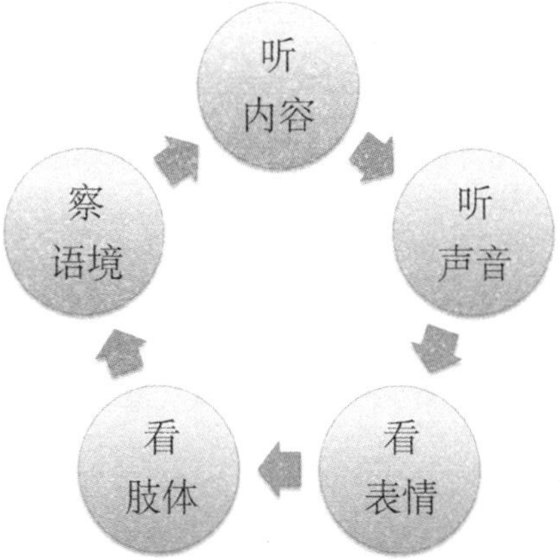

图 3-6　怎样听懂对方的真实意图

（1）听内容

谈判的时候，对手可能不会透露真实的想法。比如，医疗器材公司的代表与医院采购部主任谈判，前者问后者：“你们对我们的产品有什么想法呢？”后者回答：“对于你们的产品，我们要先研究一下。”这句话就有两种含义：一是委婉的拒绝；二是真的想研究一下再决定是否购买。

如果后者回答：“我们先做个研究，当然，最终是否决定进购你们的产品还要看你们的表现。”那么这种回答就基本上可以排除对方拒绝的意思，而是一种委婉暗示，比如，希望你降价，希望你给他一点佣金或劳务费之类的好处。总之，倾听时首先要听对方回答的内容，根据内容分析对方的意图。

（2）听声音

声音的高低起伏、语气的强硬柔和，都能反映出说话者的真实想法。比如，谈判对手回答你的提问时，先是粗声大气，但突然又变得轻言细语，那说明对方处境不妙，有求于你。这就说明你在谈判中处于优势地位，如果你能把握好机会，就可以在谈判中实现利益最大化。

（3）看表情

行为心理学研究显示，在面对面的沟通中，人们通过言语、声音、表情和肢体动作传达信息的比例分别为7%、38%、55%。由此可见，观察对手的面部表情可以获得很多信息，这对我们掌握对手的真实意图至关重要。比如，谈判对手说："你们产品的质量真是不赖啊！"但说这话的时候，嘴角上扬，目光斜视，那说明对方并非真心夸奖，而是一种不屑和讽刺。

（4）看肢体

相对于控制舌头，人们更难控制自己的肢体动作。很多言不由衷的言语，都可以从肢体动作上找到端倪。比如，谈判对手对你说："你们的产品很不错，有机会一定合作。"说这话的时候，他还把你带来的试用品递给你，示意你带走。这就说明对方拒绝的意思很坚定，而且以后合作的可能性不大。为什么客户如此坚决地拒绝呢？这就需要你去思考原因了。

（5）察语境

倾听的时候，我们要细细体察对方的语境。因为即便是同一句话，放在不同的语境中，也会有不同的含义。比如，客户说："我们最近又建了一个厂房。"这句话的言外之意可能是对方目前手头紧，也可能是生意不错，打算扩大经营规模。如果对方说这话的时候比较兴奋，那他的意思可能是后者。如果对方说这话的时候表情低沉，那他的意思可能是前者。

总之，倾听的时候，切莫只听对方的说话内容，还要结合对方说话的声音、语气、表情、肢体语言和说话的语境，综合分析对方的真实意图，以避免被对方的言语迷惑，作出错误的谈判决策。

另外，还要特别注意的是：倾听不是一味地沉默不语。沉默不语是一种消极的倾听，容易引起对方的误解。对方往往会想：你有没有在听我说话？你听懂我的意思了吗？你对我的话有什么看法？我是否应该继续说下去呢？所以，正确的倾听应该是能够鼓舞对方的，能够表达认同和赏识的。具体来说，在倾听时应该做到以下几点，如图3-7所示。

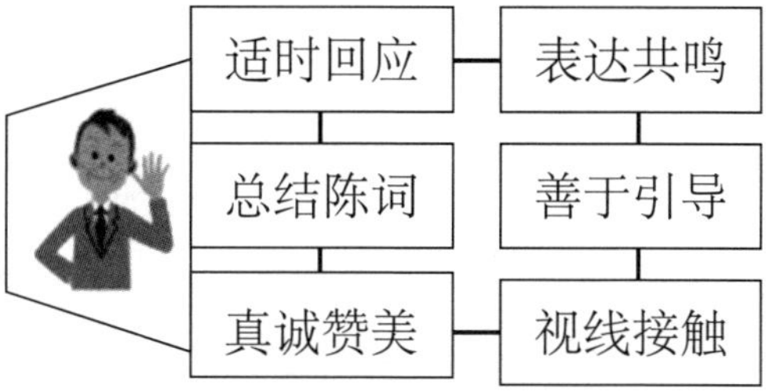

图 3-7　倾听的艺术

1）适时回应。倾听的时候，要适时回应对方，比如，“嗯，是的！”“哦，原来是那样！”“结果怎样？”“那真的很不错！”通过简洁的回应，让对方知道你听得很认真。

2）表达共鸣。有效的倾听要求我们做到设身处地，站在说话者的立场和角度去体会对方的心声、情绪和感受。比如，你可以在倾听的时候，适时回应道，“那真的很令人生气！”“真是太过分了！”“你当时的心情肯定很差吧！”这样可以让对方感觉你能够体会他的感受，并与他产生了共鸣。

3）善于引导。倾听时，我们要善于发出疑问，有意识地引导对方继续往下讲。比如，“后来发生了什么？”“你是怎么处理的呢？”这样可以表达你的好奇和关注，对方就会继续往下讲。

4）视线接触。倾听时要与对方保持视线接触，看着对方，眼神中传达出好奇、感兴趣、认同等信息。当然，这不是说要盯着对方看，而是说与对方保持眼神交流。

5）真诚赞美。当你听到对方说出精辟见解、有意义的陈述或有价值的信息时，千万不要吝于赞美。例如，“你说的这个故事真棒！”“你这个想法真好！”“你的想法真有见地！”等。这种肯定的回应可以有效地激发对方谈话的兴致。

6）总结陈词。在谈判中，当对方回答了你的问题，陈述了自己的观点时，你应该一边认真倾听，一边暗自整理、总结对方的观点。等对方说完，你可以对他的观点做一个简短的总结。比如，“你刚才的意思是……”“对于这次谈判，你的主张是……对吗？”这样既表明你认真倾听了，又可以确认对方的观点。

第4章

用你的回答
掌控谈判的走向

谈判的本质就是沟通。沟通有提问，自然也有回答。怎样回答是一门艺术。什么问题可以回答，什么问题可以不回答，可以回答的问题又怎么回答，这关系到整个谈判的走向。高明的谈判者会通过回答提问来引导对手的思维，从而主导谈判的走向。

4.1 有问有答，谈判才能往下走

在谈判中，提问与回答是双方互相了解的一种必备沟通手段。我们可以向别人提问，别人也可以向我们提问。面对谈判对手的提问，我们必须拿出应有的回答姿态，既要让对方得到想要的答案，让对方觉得受到了重视，又不能过早亮明底牌，以免让自己陷入被动。即便对方的问题比较尖锐、敏感，甚至有些可气，我们也不可粗暴无礼地拒绝。

顾客：你们的产品价格怎么这么高？

销售员：不高，不高，一点都不高。

顾客：还不高啊？！同样的产品，别人卖200元，你们这里居然卖400元！怎么贵这么多？

销售员：产品不一样嘛，我们的产品好！

顾客：好在哪里啊？不都一样吗？牌子都是一样的！我又不是没见过。

销售员：既然别人的东西便宜，你赶紧去买啊！干吗说这么多废话？

顾客气呼呼地离开了。

在这段对话中，销售员虽然回答了顾客的提问，但回答时态度消极，缺少热情，更缺少回答的技巧。特别是那句“既然别人的东西便宜，你赶紧去买啊！干吗说这么多废话？”更是很没有礼貌，毫无做生意的诚意，扫了顾客的兴致。顾客生气地离开，也是情理之中的事。

在谈判中，我们所面对的对手是形形色色的，他们的提问风格也是各不相同的。面对各种各样的提问，会谈判的人往往不会一直消极被动地扮演回答者的角色。他们会有意识地运用反问性主导、主动性打岔、自然性迎合和诚意性赞美来应对谈判对手的提问。下面我们通过一个典型案例，看看在谈判中怎样运用这四个回答技巧。

招商经理黄先生和客户刘先生针对一个投资计划进行谈判，黄先生向刘先生介绍了这个计划后，刘先生提出了疑问。

刘先生：你这个投资项目还不错，但你的加盟费要8万元，别的品牌加盟费最多才5万元，怎么贵这么多？

这是一个很敏感的问题，客户问得比较直接，看黄先生是怎么回答的。

黄先生：说得很好！你知道为什么贵吗？其实这与我们项目的投资回报直接相关。

在这个回答里，黄先生用到了反问性主导、主动性打岔和自然性迎合策略。

刘先生：你们的投资回报有多大？

黄先生：这么说吧，别人的项目，你投资5万元，回报可能只有2万元，我们的项目，投资8万元，回报很可能是5万元。请问，你会选择哪个项目呢？

在这个回答里，黄先生再次用到了主导性反问策略。

刘先生：当然选择回报高的，做生意嘛，就是为了多赚钱。

黄先生：对嘛，做生意就是为了最大化地获利。

在这个回答里，黄先生再次用到了自然性迎合策略。

刘先生：嗯，道理是这样，但是说实话，我对你们这个项目没什么信心。

黄先生：你太谦虚了！你看你做企业管理已经十多年，经验丰富，管理能力强。虽然我们不是同一行业，但做企业管理是相通的。我在选择合作伙伴时，最看重的就是对方的管理能力。这也是我们重视与你合作的原因。

在这个回答里，黄先生用到了主动性打岔和诚意性赞美策略，极大地肯定了客户的管理能力。

刘先生：那倒是，关于企业管理我还是比较在行的。我曾经帮别人管理过门店，还在公司做过部门经理，他们都说我适合做老板，呵呵……比如……

在黄先生的诚意性赞美下，客户刘先生的虚荣心得到了很大的满足，他开始炫耀和细说自己以前的得意历史。

黄先生：我看你性格很开朗，说话也直接，不喜欢拐弯抹角。这一点和我很像，我这人做事干脆，不喜欢拖泥带水。

黄先生又用到了自然性迎合策略和诚意性赞美策略，进一步制造共鸣感，拉近双方的距离。

刘先生：你说的没错，我就是这样的人。做事嘛，看好了就做，如果怕这怕那，是不可能做成事的。

你看，在黄先生的回答策略下，刘先生反而率先表达了决心。

黄先生：就是，就是，跟你聊天非常投机，相信以后谈任何事情都很轻松。开店就需要你这样有勇有谋、做事有魄力的老板。您看没有其他异议的话，我们就把合同签了。

刘先生：好的。

在这个案例中，虽然招商经理黄先生充当回答问题的角色，但在整个沟通中，他并不是一直处于被动回答局面的，而是灵活运用了反问性主导、主动性打岔、自然性迎合和诚意性赞美来掌控谈判的走向，最终顺利说服客户签订了合同，如图4–1所示。

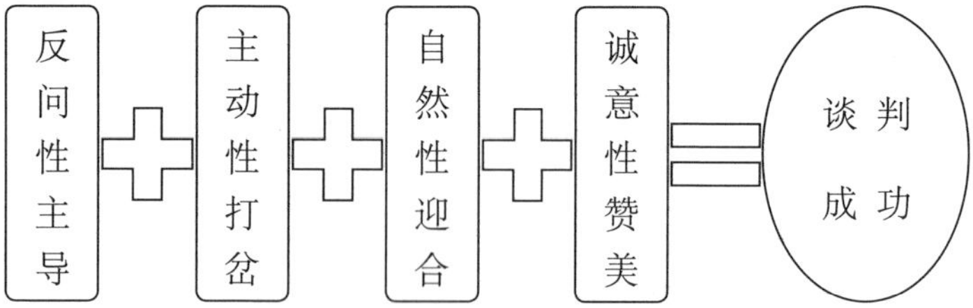

图 4–1 回答中的四个控场技巧

（1）反问性主导

所谓反问性主导，即在回答问题的过程中，有意识地提出问题，以主导对话。

在运用反问性主导策略时，要注意的是：反问性主导要自然有条理，反问的语气不易强硬，要做到平和；反问之后，要有自然的连贯。再结合主动性打岔和自然性迎合策略，巧妙地主导客户的思路。

（2）主动性打岔

所谓主动性打岔，指的是在回答谈判对手的提问时，有意地转移话题，把对手的注意力转移到其他方面。

在运用主动性打岔策略时，要注意的是：遇到不好或不必回答的问题采取主动性打岔策略，打岔要自然，新的话题要从对方的需求出发。切勿生硬地转移话题，比如说：“这个话题我们等会儿再聊。我们先聊聊另外一个话题。”这种打岔的意图太明显，不利于沟通的顺利进行。

（3）自然性迎合

所谓自然性迎合，指的是在回答对手的提问时，先迎合一下对方的提问，如“这个问题问得有水平”，一来可以为我们争取时间去思考如何作答，二来可以让对方听得舒服，赢得对方的好感。

在运用自然性迎合策略时，要注意的是：对客户观点和意见要适度地迎合，迎合的时候可以对他的观点进行合理的解释。通常的做法是，给对方找个例子，以证明对方的观点是成立的。如果对方说的不是观点，那我们就对他的观点进行总结、提炼，从而让他觉得自己特别有思想、有智慧。这就是迎合的作用，在迎合的过程中，对方听到了恭维、顺耳的话，很自然地就会朝着我方主导的方向去谈判。

（4）诚意性赞美

所谓诚意性赞美，指的是在回答对手提问时，有意识地夸奖、赞美对方，让对方内心没有任何抵抗，甚至消除对方理性的思考和防范意识。

在运用诚意性赞美时，要注意的是：赞美要有诚意，就像赞美一位女士，明明对方皮肤不好，却夸她皮肤水润，明明对方是水桶腰，却夸她身材好，那么对方肯定不会接受，会觉得你太虚伪。

4.2 听着舒服的回答更能打动人

在谈判中，当你回答对手的问题时，同样的意思，不同的表达，让对方感到舒服的表达，听起来顺耳的表达，更能赢得对方的好感，更能打动对方。来看一个案例：

初冬的集市上有两个卖夜壶的摊点。

一位老者想买夜壶，他先来到第一个摊点。

看了一会儿说："你这里的夜壶都这么大吗？有没有小一点的？"

摊主说："大了好啊！大夜壶装的尿多。"

老者听了，觉得很不舒服，便扭头走了。

接着，老者来到第二个摊点，他再次感慨夜壶太大了。

摊主笑着回应道："大是大了些，可您想想，冬天夜长啊！"

老者听了这话，觉得有道理，就掏钱买了一个。

同样是卖夜壶，同样是面对客户的质疑——夜壶太大了，两个摊主回答的意思也差不多，但第一位摊主的回答听起来很不文雅，很不顺耳，让人反感；第二位摊主的回答听起来则让人舒服很多，所以能够打动老者购买。

其实，在日常沟通中，听着舒服的回答，更能让人心情愉悦。比如，妻子问丈夫："这是我今天买的裙子，穿在我身上漂亮吗？"懂女人心的男人，往往会顺着妻子的意思，对妻子的裙子和身材赞扬一番。妻子心情好，也许晚上多做两个小菜。不懂女人心的男人，则可能实话实说，指出裙子的不足之处，惹得妻子不高兴。

回答的艺术，在夫妻间的沟通上都能体现出明显的差异，更何况生意场上，两个并不太熟的谈判者之间呢？所以，在回答别人时，善于用舒服的回答，是很有必要的。

（1）不要说你想要什么，要说你能给对方什么

在寻求合作的谈判中，面对谈判对手的提问，不要总说你想要什么，而要说你能给对方什么。经常有人来找我合作，我问他们为什么要找我合作，他们中的很多人会说，他有什么资源，他想要通过这个项目合作，达到什么目的。如果和他合作，他就可以实现目标了。

我想说的是，每个人最关心的都是自己的需求和利益。如果你不能让对方清楚从合作中得到什么，对方又怎么会对你的合作项目感兴趣呢？

（2）不要从负面给对方回应，要从正面给回应

心理学研究发现，人们对于涉及收益的风险和涉及损失的风险所表现出来的反应完全不同。相比之下，前者更能诱导人作出行动，而后者则会让人望而却步。因此，在谈判中，我们应该多从正面给对方建议，强调他会从合作中获得什么，由此增加对方让步或折中的意愿。

美国一家公司试图从另外一家公司挖走一名优秀人才。那名人才目前的年收入为15万美元。当这家公司的人力资源主管问对方“你觉得多少薪水能打动你换一家公司？”时，对方表示：“至少20万美元，否则，我不会离开现在的公司。”这个数字高于该公司的预期，人力资源主管该如何答复呢？下面有两种回答：

回答1：我们能给的最高年薪，比你当前的薪水高3万美元。

回答2：我们能给的最高年薪，比你要求的年薪少2万美元。

很明显，这家公司能给那名人才的年薪是18万美元。但对比两种回答，你会发现：回答1是从正面给出回应的，回答2是从反面给出回应的。这两种回答的不同之处在于，前者有可能令对方产生对风险的厌恶，从而接受报价。而后者则可能让那名人才陷入喜好风险的行为，甚至坚持寻求更高报价，从而拒绝那份报价。

借用这个案例，我想告诉大家：在回答谈判对手提出的问题时，尽可能从正面作出回应，给对手积极的暗示。而尽量少从负面作出回应，给对手消极的暗示。因为相比之下，人们更喜欢接受积极的暗示。

（3）尽可能提高谈判对手对负面结果的接受度

当谈判涉及的是负面的事件时，比如，工厂倒闭、公司裁员，又或是交通事故后的肇事者与受害者谈判，公司倒闭时收购一方与倒闭的公司谈判。这类谈判很难从正面给对手一个听起来舒服的答复，那么，我们就要尽可能提高对方对负面结果的接受度。

回答1：卖掉你这家濒临倒闭的公司，你最低愿意接受什么样的价格？

回答2：我将尽可能给你一个有吸引力的报价，如果你不介意，我想问一下：如果你不把公司卖给我们，你打算怎么面对这种濒临倒闭的局面？

对比这两种回答，你认为哪一个回答听起来更舒服呢？很明显，是第二个回答。因为它照顾到了对方的感受，可以提高对方对负面结果的接受度。

当你和谈判对手要在两个或更多令人不愉快的方案中作出决断时，应该尽可能引用正面框架去构思回答，让对方在逆境之中尽量做到趋利避害，即让对方明白，通过与你达成合作可以降低风险。这样对方就比较容易接受你开出的条件。

4.3 不是所有问题都必须回答

正如提问是谈判中必要的环节一样，回答也是谈判中不可缺少的环节。不过，并不是所有的问题都必须回答，更不是所有的问题都必须马上回答、正面回答、明确回答。当谈判对手提出的问题让你觉得无论怎么回答都对自己不利时，你可以采取“不回答”策略应对。

第24届汉城奥运会时，中国奥运代表团到达首尔（当时称汉城），代表团团长李梦华就被外国记者围住。

有的记者问：“中国能拿几块金牌？”有的记者问：“中国能超过韩国吗？”

李梦华说：“10月2日以后，你们肯定能知道。”

记者又问：“中国新华社曾预测能拿到11块金牌，你认为有把握吗？”

李梦华答道：“在中国有充分的言论自由，记者怎样想，就可以怎样写。”

在这个例子中，李梦华看似回答了记者的问题，但实际上等于没有回答。李梦华采取避实就虚的策略，巧妙地“拒绝”了正面回答，使记者们根本问不出想要的答案。同样，在谈判中，当对方的问题不好回答或不便回答时，那就干脆不回答。

当然，不回答不等于直接对人家说：“无可奉告！”而要做到“看似回答了，实际上没有回答”。这样才不会让谈判过程变得尴尬，才能让谈判继续下去。接下来，我们就来看一看，如何在谈判中做到“回答了等于没回答一样”，如图4-2所示。

图 4-2 等于没有回答的应答技巧

（1）笑而不语

谈判的双方虽然都有回答问题的义务，但并不等于必须回答对方的每一个提问。特别是有些问题没有回答的价值时，当然可以委婉地拒绝。例如，在谈判中，对方提了一个与谈判主题无关或关系不大的问题，你就完全可以笑而不答，继续谈论与主题相关的问题。

（2）转移话题

在谈判中，当对手提的问题触碰到你的底线时，你暂时不能回答或根本就不该回答，这时你就要想办法转移话题。比如，在一次商业谈判中，客户问你："你们产品的价格最低是多少？"你可以转移话题，跟他说，"在告诉你底价之前，我先介绍一下我们的产品性能。""价格确实是大家最关心的问题，不过我觉得你最好先了解一下我们的产品。"这样就巧妙地避开了一个棘手的问题，从而获得了主动权。

（3）蜻蜓点水

所谓蜻蜓点水，就是礼貌性地简单回答一下，或者只回答对方问题的很小一部分。比如，在谈判过程中，对方问你："你对我们的这套方案怎么看？你觉得能通过你们公司的审核吗？"对于这件事，你也没有什么把握，这时你可以说："这套方案有创意！"再如，对方问你："我们这款产品怎么样？"你不知道如何评价，那你可以说："外形挺好看的！"

（4）含糊其词

在谈判中，面对一些比较关键的、敏感的问题时，可以采取含糊其词的策略去回答。比如，对方问你："你们最低能给什么样的价格？"你可以回答，"不会高于您所承受的价格。""不会高于行业的平均价！"对方问你："你打算购买多少产品？"你认为先说出进购量对后续的谈判不利，那么你可以回答："那要看你能给我多大的优惠幅度了。"这样模糊的回答，既没有露出你的底牌，也给了对方一个交代。

（5）拖延回答

面对你暂时不好回答的问题，你可以选择拖延战术。例如，对方问你："我们什么时候能够签订经销协议？"你对对方不太了解，公司还在审核对方的资料，评估对方的诚信度，你也不知道什么时候能签订经销协议，你可以说："等我看完你方的相关资料再给你一个准确的答复吧！"

4.4 “如果”在谈判中是个神奇的词

在谈判中，当对手提出的问题不那么好回答时，有些人会语无伦次，有些人却能对答如流，是后者更聪明吗？不是，而是他们掌握了“如果”一词在谈判中的妙用。

“如果”一词的妙用，指的是当别人提出一个问题，你觉得直接回答对你不利时，你可以用“如果”一词来回应对方。例如，在谈判中，当对方问你“是否可以签订三年合同”时，你可以对他说：“如果我和你签订三年合同，你能给多少优惠？”

当对方问你“你是用现金支付还是分期付款”时，你可以对他说：“如果我用现金支付或分期付款，你方的产品价格有什么差别？”

当对方问你“你要不要再购买其他系列的产品”时，你可以对他说：“如果我购买其他系列的产品，能够在价格上再给我优惠？”

当对方问你“你方可以负责货物运输吗？”时，你可以对他说：“如果我们负责运输，你方给的最低价格是多少？”

在生活中，我们也可以运用“如果”一词来和他人谈判，以摆脱不利于我们的局势。当被别人提出要求时，很多人会习惯性地用“YES”或“NO”来回答。比如，有个朋友打算开一家饭店，跑过来找你：“兄弟，你是干广告公司的，帮我策划一个广告，帮我推广推广呗！”

这时候，如果你的脑袋里只有“YES”或“NO”，那你的回答要么是答应，要么是拒绝。例如，“抱歉，我们公司最近业务太多了，没时间给你做推广，恐怕帮不了这个忙。”或是“好啊，我抽时间给你一个广告策划案”。

如果你不用“YES”或“NO”来回答，而是用“如果”来回答，那会变成什么样呢?

你可以说：“如果我帮你策划一个广告方案，以后来你饭店吃饭，可以打折吗？”

你看，面对别人的请求，一旦我们用“如果”来回应，原本对方单方面的请求就变成了双方之间的一种利益谈判。把“YES”或“NO”换成“如果”，马上可以给我们带来三个好处。

好处 1：让我们在谈判中由被动转为主动。

当我们遇到请求时，脑子里只有“YES”或“NO”时，我们是被动的。因为这个请求是别人提出来的，如果回答“YES”可能对我们不利，回答“NO”又抹不开面子。但只要我们学会了说“如果”——“如果你能答应我某个条件，我可以考虑答应你的要求”，这时主动权就回到了我们手里。因为我们想让对方答应的这个条件，是由我们提出来的。

好处 2：巧妙地改变了跟对方后续的话题。

请大家想一想，当别人提出的请求遭到你的拒绝时，对方通常怎么做？他会继续恳求你，对不对？“帮帮忙嘛，这件事对你来说就是举手之劳。”“帮帮我好吗？也不会耽误你很多时间！”对方恳求之词越有诚意，你越觉得过意不去，很可能最后心一软，就答应他了。但是当你学会说“如果”，你就会发现，后续的话题改变方向了。

当你说：“如果我帮你策划一个广告方案，以后来你饭店吃饭，可以打折吗？”对方就明白了，想要你答应帮忙，就必须答应你开出的条件。这个时候的谈判重点已经不是恳求了，而是“什么条件”。他可能会说：“好啊，打折没问题，以后你来我饭店吃饭，我给你打折！”你还可以接着问：“打几折？”对方可能说“打八折”，如果你不满意，还可以继续讨价还价。

你看，你们之间的话题，就很自然地围绕“条件”在展开。

好处3：有利于练习多元化、灵活的思维。

用“如果”来回应别人，就是在练习一种多元化、灵活的思维方式，这是一种更成熟的思考方式。因为不成熟的人有个特点，那就是只知道“我不要什么”。“我不想帮朋友策划广告”，“我也不想朋友觉得我不够意思”。这个也不想要，那个也不想要，这是不成熟带来的苦恼。

而当我们学会了用“如果”去回应别人，学会了用“如果”去谈判时，就是在思考“别人那里有什么是我想要的”，“我想要帮朋友的忙，但我不想免费帮忙”，所以，我要告诉他：你必须给我好处，我才愿意帮你策划广告。

你看，这就是一种更多元化、更有灵性的思维，是成熟的思维。

那么，我们应该怎样用“如果”去谈判呢？如图4–3所示。

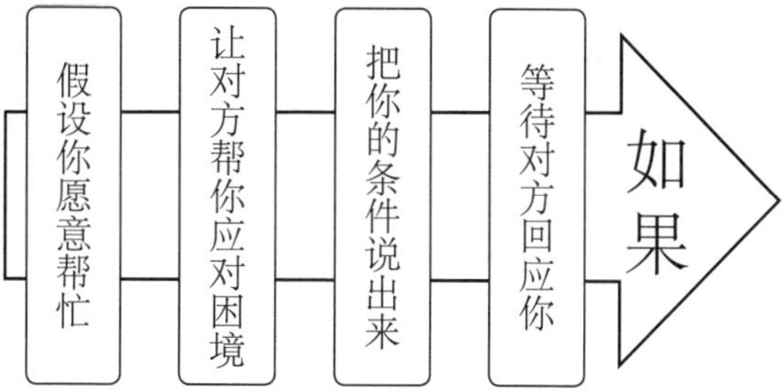

图 4–3 用“如果”去谈判的四个步骤

第 1 步：假设你愿意帮忙。

假设你愿意帮忙，即在别人提出要求或请求后，你用假设法去思考“如果我愿意帮他”。“如果我帮你策划广告”，“如果我答应签三年合同”，“如果我负责货物运输”，“如果我再购买其他系列的产品”，沿着这样一种假设去思考，思考你将会面对什么困境。

第 2 步：让对方帮你应对困境。

答应对方的要求会让你面对什么困境？如何应对这个困境呢？你应该把这个难题抛给对方。你可以这样思考：对方给我什么好处，才能帮我应对这个困境？例如，“对方给我什么好处，我才能摆脱不想免费帮忙的心理难关？”“对方答应什么条件，我才不反对签订三年合同？”

第 3 步：把你的条件说出来。

当你想好了希望从对方那里得到什么好处，希望对方满足你什么条件时，你可以大胆地说出来。但要记住，先要表达出“假设我帮你”，然后才是提条件，即“如果我答应你的要求，你能给我什么好处？”“如果我答应你的要求，你能满足我某个条件吗？”这样就把难题抛给了对方。

第 4 步：等待对方回应你。

在你开出条件之后，要做的就是等待对方回应你。这个时候，无论对方答不答应你，你都是占据主动的。如果对方答应你，你可以愉快地接受；如果对方不答应你，那么对不起，你可以告诉对方：“那我没办法答应你的要求！”

当然，对方可能会跟你谈条件。比如，你提出的条件是“如果我答应和你签三年的合同，你给我打七折”，但对方却表示“如果签三年合同，最多只能打八折”。没关系，你们可以围绕“条件”展开谈判，直到对方给你一个能够接受的条件为止，否则，你可以拒绝他。

4.5 无声胜有声：比说话更有效的回答术

相信很多人在与人沟通时，都有沉默、冷场的经历。特别是两个不太熟悉的人沟通时，一旦沟通陷入了沉默、冷场，就会给人造成压力，让人感到尴尬，感到浑身不自在。

曾仕强在《中国式沟通》中讲过：有些领导会把“问题下属”叫到办公室，然后将其晾在一边，不闻不问，不理不睬，自己该干吗干吗。很快，这些下属就会憋不住了，主动交代自己做了什么事，能说的或是不能说的，全都说了。因为领导沉默的气场实在是太强大了，他越不搭理你，你就越心虚。你越心虚，就越容易暴露弱点。

谈判也是这个道理。在谈判中，当双方出现较大分歧，谁也说服不了谁时，就可能陷入沉默冷场的情境。在这个过程中，双方的内心都会备受煎熬，谁沉不住气，谁扛不住冷场带来的压力，谁就会先开口。而先开口的人，往往会作出让步。这就是沉默的妙用，有时候它比开口回答更有效。

汤姆斯·伯德是一位谈判专家。一次，他替一个朋友和保险公司交涉赔偿事宜。理赔员率先开口：“先生，我知道您是一位交涉专家，一向都是针对巨额款项来谈判的。但是今天我们恐怕无法承受您的要价，我们公司针对这次事故，最多只能赔偿5万美元，您觉得如何？”

伯德表情严肃，一言不发地看着理赔员。

根据理赔员以往的经验，无论对方是否满意自己开出的条件，都会作出相应的表示。理赔员还是头一次见到这种情况，他见伯德不说话，只好等待伯德发言。可是伯德根本没有发言的意思。

终于，理赔员沉不住气了：“抱歉，我刚才的话可能说得有点不妥。我们可以再加些赔偿，6万美元如何？”

伯德冷笑了一声，很蔑视地看了看理赔员。良久的沉默之后，伯德开腔了：“抱歉，这个赔偿额我们无法接受。”

谈判再次陷入冷场。

理赔员继续说：“好吧，那么7万元如何？”

伯德没有立即回答，过了一会儿，他才说：“7万美元？你开什么玩笑？”

理赔员显得有些慌了，他说：“好吧，8万美元，不能再多了，现在就赔。”

在谈判中，不要害怕沉默、冷场。沉默、冷场是一件好事，如果对方性子比较急，或不懂得如何利用冷场，那么他就很可能先开口说话。这样对你来说，至少有两个好处：一是你可以从他嘴里了解到更多的信息；二是对方可能会主动作出让步。

所以说，恰到好处的沉默有时能收到“此时无声胜有声”的效果。

在运用沉默、冷场的技巧时，我们可以参考以下三点，如图4-4所示。

图 4-4　无声胜有声的三种回答技巧

（1）主动式沉默——让对方先说出条件

在谈判中，谁先说出条件，谁先开价，谁就可能陷入不利的局面。因为在不了解对方想法的情况下，贸然地说出己方的条件，甚至直接开价，就等于你在明处，对方在暗处。这会造成三种可能：

第一种可能：如果你的开价低于对手的期望，对手会反对，会和你商量，他是有余地的。

第二种可能：如果你的开价略高于对手的期望，对手可能还会要求你加价，多加一点就多赚一点，这是对他有利的。

第三种可能：如果你的开价远高于对手的期望，那么对手心里窃喜，爽快成交。这会让对手大赚。

无论哪种情况，对你都是不利的。因此，在谈判中，当对方问你有什么条件，特别是问你底价时，你要懂得运用主动式沉默来回应。

一家纺织厂的老板得知另一家企业打算购买一台旧纺织机，正巧他打算更换公司的纺织设备，卖掉工厂的那台旧纺织机。经过仔细核算，他决定以30万元的价格出售，并想好了说服对方的理由。

谈判那天，纺织厂老板感冒了，嗓子很不舒服，一说话就咳嗽。因此，他在谈判中不想发言，只是静静地听对方说。当买主问他那台旧纺织机打算卖多少钱时，他不断咳嗽，做了个十分痛苦的手势，向对方致歉，然后去了趟洗手间。

等他返回谈判桌时，买家早已按捺不住了，开始滔滔不绝地对那台旧纺织机挑毛病。纺织厂老板依然一言不发，买主最终沉不住气了："我们只能付您40万元，不能再多了。"

最终，双方以42万元的价格成交。

因为关键时刻的主动式沉默，纺织厂老板多获得12万元的额外收益。由此可见，沉默带来的价值回报是巨大的。

（2）回应式沉默——面对砍价，进入思考状态

在谈判中，当双方的出价有一定的差距时，讨价还价是不可避免的。面对对方的砍价，如果你不想妥协，那么不妨选择回应式沉默。即不立刻回答，而是表现出思考的样子，故意让现场冷场一段时间。通过这种方式，暗示对方的砍价不妥，所提的要求太难为你。一旦对手感受到了这样的压力，就很容易接受我们之后的回答。

大米厂的张总在一家大饭店吃饭时，恰巧碰到了该饭店的采购经理。于是，他希望对方可以考虑进购自己厂的大米。虽然对方一再表示自己与现有的大米供货商合作得非常愉快，但张总表示并不在意。

在一番沟通后，采购经理说："我们确实对现有的大米供货商很满意，不过再找一家供货商也没什么坏处。如果你们可以把每袋大米的价格从150元降到120元，我们可以考虑先订购50袋。"

显然，这个砍价的幅度超出了张总的预期。

张总告诉对方："我觉得你们应该给出一个更合理的价格！"然后，他就不说话了，静静地看着对方。

采购经理意识到自己的砍价有点过分，考虑了片刻，说："这样吧，每袋大米130元，怎么样？不能再多了，再多的话，我们也没必要和你们合作。"

…………

虽然我们不知道最终的成交价格，但至少我们看到了沉默所产生的作用。在运用回应式沉默时，如果能配合适当的肢体语言，让自己身处暗处，令对方难以琢磨，往往可以促使对方在你回答他之前，率先作出让步，从而有利于之后的达成一致。

（3）应急式沉默——不好回答，顺势沉默

每个人都有思绪紊乱、大脑短路的时候，特别是当对方的问题特别尖锐，不好回答时，会谈判的人往往会选择顺势沉默。为了避免顺势沉默引起不必要的尴尬，你可以配合肢体语言来回应对方，比如笑而不语，或把头转向一侧，或点支烟、喝口水，或故意装傻、打哈哈，给自己争取思考的时间。

4.6 不要接受第一次报价或砍价

在谈判的时候，请记住这样一句话：不要接受对方的第一次报价或砍价。因为人们普遍存在这样一种心理：越容易得到的东西越觉得不可信。对方第一次报价，你就爽快地答应了，对方会想：天啊，我的报价太低了。对方第一次砍价，你就爽快地答应了，对方会想：我砍得还不够狠，还有继续砍价的空间。于是，他还会继续和你讨价还价。

有时候，拒绝对方的第一次报价或砍价比较容易，但如果你和对方谈判持续了一段时间，正当你准备放弃时，对方却提出了一个合理的报价时，你是很难拒绝的。因为从之前的绝望中，你突然看到了希望，就像抓住了一根救命稻草一样，你会拼命地想抓住。又像是在沙漠里行走了数日，突然找到了水源一样，你会痛快地狂饮。

但我要告诉你的是，以我多年的谈判经验，你还是不能接受对方看似合理的报价，你要还价，要通过还价看对方的反应。即使最后你们还是以这个价格成交，对方也会有一种胜利感，他会觉得自己占到了便宜，以后也愿意与你合作。如果你爽快地答应了对方的报价，对方会有一种强烈的失落感，他会觉得自己吃亏了。即使这次成交了，以后你们的合作可能就没那么顺利了，因为下一次他会狠狠地压价、砍价，甚至干脆不与你合作。

詹姆斯·琼斯是美国加利福尼亚州一家房地产公司的市场总监，他所在的这家公司规模很大，共有28家分公司，1000多名业务代表。一天，一位杂志广告的推销员前来拜访，向琼斯推销他们的杂志广告空间。琼斯非常熟悉那家杂志，知道这是给公司打广告的好机会。

当听到推销员的报价时，琼斯认为2000美元/月的价格很合理。可是他很聪明，知道不能接受对方的第一报价。于是，他直接把价格压到1000美元/月。

没想到，推销员很爽快地答应了。这时琼斯心想：他这么干脆地答应了我的砍价，莫非我砍得不够狠？莫非还有砍价空间？想到这里，他对推销员说："这个价格听起来不错，可是我必须先征求一下管理委员会的意见，他们明天上午有一次会议，到时候我把这件事告诉他们，然后再给你答复。"

三天后，推销员再次拜访琼斯。琼斯告诉他："这件事确实让我感到尴尬，你知道吗？我本以为管理委员会接受1000美元/月的价格，可是他们却说，公司最近的预算严重超支，无法接受这个报价。他们给了一个新的报价，这个报价实在太低，我都不好意思说出来。"

推销员沉默了十几秒，然后问："他们同意付多少钱？"

"600美元/月。"琼斯说。

“可以！”推销员几乎是不假思索地回答道。

就在那一瞬间，琼斯有一种被骗的感觉。

为什么琼斯会有一种被骗的感觉？原因很简单，虽然他已经把价格从2000美元谈到了600美元，可是推销员的“痛快”让他仍然相信还可以把价格压得更低。

生活中，和那名推销员一样的人还有很多。他们或性子急，认为做人做事就要痛快，既然对方的报价和自己的预期差不多，那么就没必要讨价还价。他们或性子直，认为双方谈拢了，就没必要磨磨蹭蹭。殊不知，这么做的后果会很严重，可能导致一次即将成交的生意泡汤，还可能给未来的合作埋下隐患。

那么，怎样做才能让对方觉得他占了便宜，让他有一种胜利感呢？

（1）拒绝对方的第一次报价

在谈判中，无论你是买方还是卖方，你都要遇到对手报价和砍价。这时，你最好选择拒绝。拒绝的方法有很多，你既可以直接说：“你的报价太高了，我无法接受！”“很抱歉，这个价格严重超出了我们的承受能力！”“除非我们使用劣质原材料，把生产成本降低50%，才能接受你的报价。”也可以来点幽默：“如果接受了你的报价，请为我们准备过冬的衣服和粮食吧。你总不忍心让我们饿着肚子，瑟瑟发抖地度过这个冬天吧？”通过拒绝，暗示对方你不接受他的价格，促使对方妥协。

切记：不要不好意思拒绝，谈判中的拒绝与被拒绝是家常便饭，不好意思拒绝，最后吃亏的是自己。

（2）在对方的后续报价上砍价

当你拒绝了对方的第一次报价或砍价时，对方还会继续报价和砍价。比如，对方第一次报价1000元，被你拒绝后，他可能会选择让步，报价800元。这个时候，你千万别沾沾自喜地痛快答应，而要继续讨价还价。再如，你报价1000元，对方和你砍价，表示800元愿意买，但遭到了你的拒绝。对方也可能让步，说："我再加点，850元卖不卖？"这个时候，你也不宜痛快地答应。

切记：我们所说的不要接受对方的第一次报价或砍价，并不仅仅指要拒绝对方的第一次报价或砍价，而是说每一轮的报价或砍价都不能痛快地答应。哪怕经过多次讨价还价，最终对方提出的条件、开出的价格让你很满意，你也不应该喜形于色地痛快答应。而要和对方继续磨蹭，表现出"不情愿""很无奈"的样子。这样对方才会觉得占到了便宜，才有胜利感。

第5章

别让分歧影响预设的谈判目标

谈判双方在主观上都不希望出现分歧，更不希望让谈判陷入僵局。意见有分歧是正常的，僵局也是无法避免的。如果不能正确处理分歧、化解僵局，就很容易影响预设谈判目标的达成。面对分歧与僵局，需要采用一些策略，从而更好地争取主动，为谈判取胜铺平道路。

5.1 别让整个谈判卡在一个问题上

谈判最忌讳的一点是因为某个问题产生意见分歧，导致谈判陷入僵局。比如，销售员和客户在价格上出现了分歧，无法达成一致时，谈判就无法推进。如果销售员不懂得主动打破僵局，很可能谈判就会以失败告终。

华先生是一名电脑推销员。这天，他去拜访一位公司的采购经理。经过一轮洽谈，经理对他的产品表现出浓厚的兴趣。但是在价格上双方都不想让步。

经理："你们的电脑价格太高了，我们无法承受。再说了，我们现在用的电脑虽然旧了点，但并不影响正常办公。"

销售员："我们的电脑目前正在搞促销，价格已经很低了，真的没有降价的余地。"

经理："我们可是要订购30台啊！你还出价那么高。以你给的这个价格，我们最多只能买几台试用一下，没办法批量购买。"

销售员："不是我不肯给你降价，而是公司这么定价的，我也没有办法啊！我们电脑的质量真的很好的！"

这个就是一个典型的谈判僵局。如果销售员不肯降价，且不主动寻求打破僵局的策略，而是一味地强调“价格不贵”“公司定的价，我没办法”，那么客户很可能连购买的欲望都没有了。面对这种情况，会谈判的销售员会怎么做呢？我们不妨来看一看：

销售员：“电脑属于高科技产品，如今更新换代越来越快。它不同于桌子上的这杯清茶，时间越久味道越香浓。您也是电脑方面的行家里手，也了解目前电脑市场的产品信息。对于我们报的价格，您心里也很清楚，已经是最低价了，真的没办法降了。要不这样，按照这个价格您一次订购30台，我们赠送全套正版微软操作系统和办公软件，而且负责未来五年的电脑维护。未来五年内，电脑有任何问题，我们都会派专业人士上门解决，保证你们办公无忧。您觉得这样怎么样？”

经理：“难道购买你们的电脑，你们不负责后续维护吗？”

销售员：“也负责，但整个行业通常只负责一年的维护，我们公司承诺负责五年的维护，而且全套正版微软操作系统和办公软件，市场价也要两三千元，均摊下来，相当于给每台电脑优惠了100元，况且正品操作系统和办公软件，带给你们的办公效率是大不一样的啊！”

经理：“确实有道理，那就按你的意思办。”

美国营销大师雷蒙·A. 施莱辛斯基说过：“销售员和客户在价格谈判过程中产生异议、陷入僵局，是很常见的一种情况。因为客户对价格有异议，才表明他想与你达成价格协议，与你成交。只要你能正确地处理和客户之间的矛盾和分歧，就能解除价格异议，打破僵局。”

那么，怎样才能避免谈判卡在一个问题上呢？

（1）把尊重对手放在第一位

无论谈判中出现怎样的意见分歧，我们首先要把尊重对手放在第一位，这是化解谈判僵局的基本条件。在谈判中无论对手持什么态度，我们始终都要让他有受尊重的感觉。这是对待客户的基本礼貌，同时这样做也会受到对手的尊重。

（2）引导对手向好的结局展望

当谈判出现僵局时，我们可以引导对手朝好的方向展望。例如，“前面几个问题我们都达成共识了，就剩下这个小问题了。如果不把这个问题解决了，那不就太可惜了吗？”再如，“难题已经解决了三个，还剩几个小问题，如果不能一并解决了，那前面我们的工作不就白费了吗？来吧，我们开诚布公地谈谈这几个小问题。”

以上的说法看似平常，实际上很能打动人，具有很好的引导作用。首先，有意识地把大问题说成“小问题”，这叫化大为小。其次，把合作的诚意表达出来，也把合作不成的遗憾表达出来，让对手自己去体会。

（3）转移到场外沟通打破僵局

在正式场合谈判，气氛比较严肃，有时候双方碍于面子，在意见分歧上赌气、不肯让步。但在非正式场合谈判，双方就容易无拘无束地交换意见，这就有利于打破僵局。因此，如果在正式谈判中出现了僵局，不妨转移到场外沟通，从而缓解僵局。

（4）适当馈赠帮你打破僵局

当谈判陷入僵局时，适当地互赠些礼品，会增进双方的感情。所谓适当馈赠，指的是把握馈赠礼品的轻重，避开贿赂之嫌。比如，谈判出现分歧，进行不下去，可以说：“正好到了午饭时间，要不我们先不谈了，一起吃顿饭吧？我来做东。”这样的邀请对方一般不会拒绝。如果在饭桌上双方能愉快地共饮几杯，那么对化解谈判分歧就更有帮助了。

如果对方不接受你的馈赠，那么你也可以考虑在谈判条件上作出适当让步，以避免谈判卡在一个问题上。

5.2 搁置分歧，先解决能达成一致的问题

当谈判出现分歧，双方协商毫无进展时，彼此的情绪都会跌落到低谷。如果想化解分歧，达成统一意见，不妨把分歧放一边，先把能达成一致的问题达成。这就叫横向谈判。由于问题与问题是有关联性的，当一个问题陷入僵局，其他问题若能顺利达成一致时，那么回过头来再谈有分歧的问题，便会更容易达成一致。

例如，在价格问题上双方互不相让，谈判陷入僵局，可以先暂时搁置价格问题，转而谈交货期、付款方式等其他问题。如果在这些问题上对方感到满意了，再回过头来讨论价格问题。这样阻力就会小一些，商量的余地也就更大些。

我们公司曾经碰到一个印度客户，他一直不肯下单。问他为什么，他说："我觉得价格还会下降，我再等等！"而我们公司的业务员则坚决表示不会再降价了。两个人因为这个问题，僵持了好长时间。

后来，我出面把这个客户拿下来了。我的办法是，对客户说："要不你先去走访一下印度市场，可能很多同行都像你一样持观望

的态度，这个时候市场可能会出现供不应求的现象。如果这个时候进口我们的产品去销售，很容易大赚一笔！”

之后客户可能是调查了一下市场，情况和我预测的一样。没过几天，他就爽快地签下了大批量的订单。

在这个例子中，我就避开了争议点——价格问题，给客户找了一个利益点——目前印度市场可能出现了供不应求的现象，此时进口我们的产品，会大赚一笔。结果，客户顺着我们的思路，很快就想通了。所以说，当谈判遇到分歧，僵持不下时，只要认真思考对方的利益点，了解对方真正需要的是什么，担心的是什么，就不难有效地说服对方。如图5–1所示。

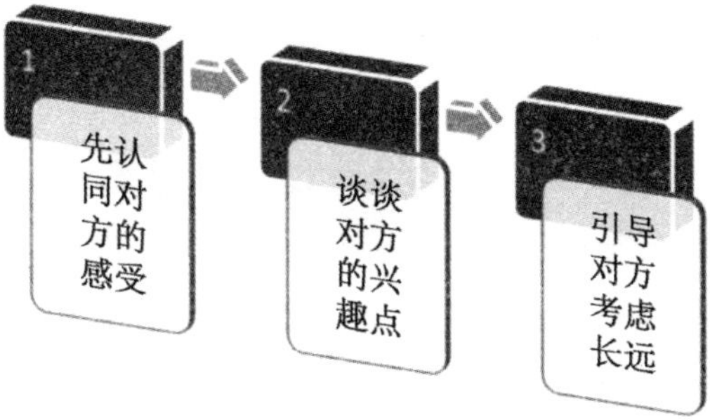

图 5–1　达成一致的三步走策略

（1）先认同对方的感受

会谈判的人，在遇到意见分歧时，往往不会直接和对方唱反调。哪怕心里不认同，他们也会先在嘴上认同对方，然后再一步一步地说服对方。

妻子最近打算辞掉公司人力资源总监一职，选择去创业，但丈夫老梁不同意她这么做。妻子的理由是，公司官僚主义作风太盛，工作没有激情，完全是在混日子。

老梁先对妻子的感受表示认同，还说自己的单位也有很严重的官僚主义作风。接着，老梁假装漫不经心地说："即便如此，现在的公司依然有更大的优势。除了能享受到各种福利，将来还可能去上海工作，以后孩子可以在大城市接受更好的教育。"

在接下来的一个月里，老梁隔三岔五就问妻子打算什么时候辞职，而且每次都表达理解妻子的感受。但同时，又轻描淡写地说几句留在现公司的好处。最后，妻子主动打消了辞职的念头。

心理学研究表明，作为被劝说的对象，本能反应往往是抗拒，甚至是直接拒绝。因为接受他人的观念、想法，会产生挫败感。所以，遇到分歧的时候，就算你觉得对方的观点非常可笑，也不要立即去反驳。明智的做法是，先认同对方的感受，再逐步表达你的想法，然后给对方思考的时间，让他自己想通以后主动改变想法。

（2）谈谈对方的兴趣点

当谈判出现意见分歧，迟迟打不开局面时，可以试着挖掘对方的兴趣点，以对方的兴趣为突破口打破僵局。

吴先生和妻子计划"十一"黄金周到意大利旅游。他的想法是到了意大利租一辆车，搞一个自驾游。但妻子却坚持要跟团旅游，不开汽车。理由是意大利车流量太大，而且道路不熟悉，自驾游很耽误时间。最重要的是，自驾游让她缺乏安全感。

吴先生告诉妻子，在意大利开车和在北京开车没什么区别，因为车都有导航，想去哪里都很方便，但并未说服妻子。吴先生意识到，想要说服妻子就必须找到新的兴趣点。他对妻子说："如果自己开车的话，我就可以带你去意大利郊区的乡村逛逛。"

"意大利的乡村，真的吗？"妻子眼前一亮，兴奋地问道。

"当然！"吴先生说。

"那太好了！租一辆汽车就可以自由自在地在意大利乡村穿梭了。"

所以说，谈判陷入僵局，如果能找到对方的兴趣点，提及对方的兴趣，就很容易打动对方。

（3）引导对方考虑长远

很多时候，人容易被眼前的利益蒙蔽双眼，而忽略长远的利益。在谈判中，当对方纠缠于眼前利益，而导致谈判陷入僵局时，我们可以引导对方考虑长远利益，从而打破谈判僵局。

一家电视台打算邀请一位明星录制一档节目。但这位明星提出了很多苛刻的要求。说坐飞机只坐一等舱，住酒店要住五星级。

电视台的一位外联人员跟这位明星说："这次录制节目，当地十多家大型媒体会全程进行跟踪报道，这会大大提升您的知名度和影响力。不过，为了报道的效果，同时电视台从社会影响的角度考虑，建议您坐经济舱。"

明星考虑了一会儿之后，爽快地答应了。

很多貌似复杂、棘手的僵局，只要换个角度去考虑，很快就会找到解决的办法。当对手因眼前利益不肯让步时，我们可以用长远利益来打动他。只要所引导的长远利益让对方觉得其价值高于眼前的小利，谈判僵局就很容易打破。

5.3 休会是让双方冷静的最好办法

在谈判中，巧用休会是一种化解分歧、打破僵局的重要策略。恰到好处地提出休会建议，可以为谈判成功奠定基础。这也是控制谈判节奏的一种有效手段。

20世纪80年代，深圳蛇口招商局负责人袁庚，同美国PPC集团洽谈合资生产浮法玻璃事宜。谈判中，双方对于知识产权费用占销售总额的比例产生了较大的分歧：美方要求中方支付6%的知识产权费，而蛇口方面还价是4%。经过一番讨价还价，美方作出让步，降了1个百分点。但蛇口方面并不满意，还价4.5%。这时，双方谁都不肯让步了，谈判陷入僵局。

怎么办呢？中方提出休会。休会期间，袁庚出席美方的午餐会，还应邀发表演讲。演讲时，他故意将话题转向谈论中国文化。他一脸豪迈地说：“早在千年以前，我们民族的祖先就将四大发明——指南针、造纸术、印刷术和火药无条件地贡献给了全人类，而他们的后代子孙却从未埋怨过不要专利权是愚蠢的；恰恰相反，他们盛赞祖先具有伟大的胸襟和远见。”

一席激情奔放的演讲，点燃了现场的气氛。接下去，袁庚转入正题：“我们招商局在同PPC集团的合作中，并不是要求你们也无条件地让出专利。不，我们只要求你们要价合理——只要价格合理，我们一个钱也不会少给!”

虽然这番话是谈判桌外说的，但却有效地打动了PPC集团的谈判者。双方回到谈判桌后，PPC集团很快作出了让步，同意以4.75%的知识产权支付比例达成协议，为期十年。蛇口方面非常满意这个价格，因为它比其他城市的同类协议开价低了一大截。

谈判的一方把休会作为一种积极的策略加以利用，往往可以达到以下目的。

①应付谈判出现的新情况。

②阻止对手提出棘手的问题。

③排斥令人厌烦的谈判对手。

④缓解体力不支或情绪紧张。

⑤仔细考虑争议问题，构思重要的问题。

⑥进一步收集情报，获取有利的谈判砝码。

⑦检查原定的策略及战术，研究可能的让步。

⑧召集谈判成员，集思广益，商量具体对策。

怎样才能利用休会达到以上八种谈判目的呢？下面，我们就来了解什么时候适合休会，休会期间又该干什么。

（1）适合休会的几种情况

有些人认为，休会是一种消极的策略。它会破坏谈判中形成的良好气氛，影响谈判一气呵成的走势。而且在休会期间，也许对方会改变主意，意识到自己的优势，在休会之后的谈判中，会变得强硬起来。其实，这种担心是不必要的。因为如果谈判走势对我们有利，是不会提出休会的。提出休会，往往是为了避免对自己不利的局势。一般情况下，以下几种情况适合休会：

情况1：当你很努力却说服不了对手时。

在谈判中，当你用了很多种策略，都无法说服对手时，不妨提出休会建议："要不我们先休息一下，等会儿再谈，怎么样？"对方应对你的说服也挺累的，往往会欣然同意。

情况2：当你一时找不到应对的策略时。

面对对手连珠炮式的谈判攻势，你一时找不到应对的策略时，那不妨提出休会建议："我们休息一下吧。"然后利用休息的时间认真思考对策，权衡利弊，再回到谈判桌上来。

情况3：当谈判中出现了新的情况时。

当谈判中出现了你未曾考虑到的新情况时，毫无应对之策。那么，最好选择休会，以研究新情况，调整谈判的策略。

情况4：当谈判中出现激烈冲突时。

当谈判中出现激烈冲突，双方剑拔弩张，眼看形势朝着无法控制、不利于达成共识的方向发展时，应该适时提出休会建议，以避免冲突升级，导致谈判不欢而散。双方在冷静下来之后，可以客观地分析形势，及时调整策略。

情况5：当谈判出现低潮，双方情绪低落或沉默时。

当谈判出现低潮，双方情绪低落或沉默冷场时，可以提出休会建议，使双方休息一下，养精蓄锐，再来谈判。

情况6：当对方提出额外的要求时。

当对方提出额外要求时，为堵住其口，防止他的要求扰乱了正在商定或即将达成的协议，你也可以提出休会建议："我们休息一下吧。这个问题咱们休息后再说。"这样既不伤对方的面子，又能摆脱干扰。

（2）明确休会期间要做的事

休会期间，我们作为谈判的一方，应该做什么事呢？

休会期间，要仔细考虑争议问题，构思重要的问题；进一步搜集情报，获取有利的谈判砝码；检查原定的策略及战术，研究可能的让步；召集谈判成员，集思广益，商量具体对策。此外，还可以邀请谈判对手去游览、观光、出席宴会、观看文艺节目，也可以到游艺室、俱乐部等地方消遣，让双方紧绷的神经松弛下来，让彼此对立的情绪缓和下来。这样，在轻松愉快的环境中，大家的心情自然也就放松了。

更重要的是，通过游玩、休息、私下接触，可以拉近双方的感情，消除彼此的隔阂。也可以不拘形式地就分歧问题继续交换意见。这时彼此心情愉快，人也容易变得慷慨大方。谈判桌上争论了几个小时都没有结果的问题，可能这会儿就迎刃而解了。休会后，当双方再次坐到谈判桌前时，会对原来的观点提出新的看法，这时僵局就比较容易打破了。

（3）如何应对他人的休会提议

休会被视为谈判的一种缓解策略，一般是出于谈判不利局面的人使用的。反过来，如果我们掌握了谈判的主动权，控制了谈判的局势，对手处于不利的局面，提出休会建议时，我们应该如何应对，如何破解对方的缓解之策呢？

1）当对手处在被动应战的局面，精力不济，提出休会建议时，我们要尽量留住对方或劝对方再谈一会儿，或再谈论一个问题。“别着急嘛！再谈10分钟好不好？10分钟后，我们休会，一起吃午饭！”因为这个时候对手思路混乱，意志薄弱，如果能和对方多谈论几个问题，甚至让对方迫于无奈作出承诺，就是一种胜利。

2）当我们提出关键性的问题，让对方措手不及了，对手不知如何应对，显得情绪紧张时，我们可以继续施压，追问对方的意见。对于他提出的休会建议，可以装聋作哑，故意不理会，直至对方让步，同意我方要求。

当然，如果谈判处于分歧阶段，双方势均力敌，那么对手提出休会建议时，我们最好配合。因为休会对我们也是有利的，答应对方的休会要求是一种基本的礼貌。否则，很容易给对方留下不通人情的不良印象，反而对后续的谈判不利。

5.4 立足于双赢，维持谈判大局不崩

谈判过程中，当双方出现分歧，已经没办法再谈下去时，我们该怎么办呢？是放弃谈判，还是作出让步，让谈判继续下去？对于一个会谈判的人来说，他所坚持的原则往往是不抛弃、不放弃，只要在不违背自己的底线和初衷的前提下，有一丝达成一致的希望，他都会设法维持谈判的大局不崩。

想要在出现分歧和僵局时维持谈判大局不崩，我们就必须立足于双赢，而不是单赢。谈判最好的目标，不是追求己方利益最大化，让对方利益受损，而是立足于双赢。只有立足于双赢，才能有效地打破僵局，让谈判取得圆满的成功。只有立足于双赢，我们才能多一个长期合作的伙伴。

印度一家贸易公司想从中国某公司购买电石，中方报价420美元/吨，而印度方却把价钱压到380美元/吨。印度方表示，他们在中国多地区做了市场调查，有的企业售价430美元/吨，有的企业售价370美元/吨，他们认为380美元/吨的价格很公道。根据这些报价，中方进行了了解，他们得知个体经营商户的报价是370美元/吨，而生产能力不强

的工厂则报价430美元/吨。

随后，双方约定谈判。谈判之前，中方公司的总经理表示，如果对方愿意大批量下单，可以接受最低的报价是390美元/吨，否则，报价不能低于400美元/吨。

谈判中，对方坚持要求380美元/吨，而中方却咬定最多只能每吨降价10美元，即410美元/吨。由此，谈判陷入了僵局。在短暂的休会后，中方代表提出两个方案：

第一个方案：双方签订三年合作协议，承诺每个季度下单300吨电石，可以给予最低价390美元/吨的报价。

第二个方案：印度方一次性下单超过500吨，可以给予400美元/吨的报价。

印度方经过考虑，选择了第一个方案。由此，谈判出现了皆大欢喜的双赢局面。印度方得到了较低的价格，而中方获得了一个长期的合作伙伴。

当谈判出现僵局时，为了维持谈判大局不崩，我们最好的办法是立足于双赢，选择一个折中的方案，双方各退让一步。这样往往最容易达成一致。

既然立足于双赢对打破谈判僵局，维持谈判大局如此重要，那么我们该如何立足于双赢，最终实现双赢呢？

（1）充分了解对方的需求

在谈判中，很多人都清楚自己的需求，但真正会谈判的人，除了清楚自己的需求，还会充分了解对方的需求。因为只有了解对方的需求，才能找到化解分歧的突破口，让谈判不再处于僵持状态。

怎样才能了解对方的需求呢？很简单，通过坦诚提问，探明对方的真实想法。例如，“你希望达成怎样的一致？能把你的真实想法告诉我吗？”然后，认真倾听对方的意见表达，再站在对方的立场去分析这些需求的合理性和自己可让步的空间。

（2）坚持折中的思路不变

在谈判出现分歧，甚至陷入僵局时，坚持折中的思路是不会错的。折中意味着双方各让一步，各让一步则意味着双方都会感觉吃亏少一点。这是最公平的，也是双方最容易接受的。比如，你买一台电脑，销售员报价6000元，你还价5000元。最终，你们以5500元达成交易。这就是折中的结果。再如，夫妻两人想去旅游，丈夫想去看青山绿水，妻子想去大都市购物。那么，最好的办法就是折中，即找一个既有大都市可以购物，又有青山绿水可供欣赏的地方。这样，分歧不就消除了吗？

（3）用折中思路拟订方案

折中是一种谈判思路，我们要运用这种思路，去拟订具体的折中方案，再把方案提出来，供对方参考。上面的例子中，中方公司就按照折中思路拟订了两个方案，供印度方选择。拟订折中方案，要注意两点：

1）折中方案并非等分折中。

折中是一个相对的概念，并不一定完全是五五划分，如图5–2所示。有可能对方要价200元，你出价100元，最终你们以180元成交，或是以130元成交。正因为如此，折中方案才不能只有一个。

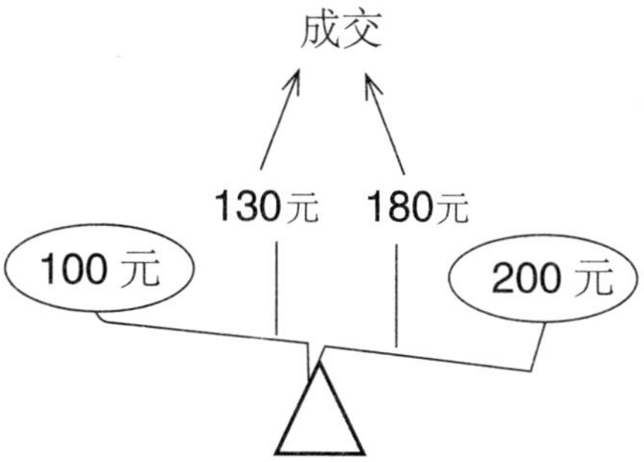

图5-2 非等分折中

2）折中方案最好有三个。

折中方案不能只有一个，那样对方没办法作出选择。一般来说，折中方案最好有三个。

第一个是对己方最有利的，但对方可能不容易接受；

第二个是相对最公平的，己方能接受，对方也容易接受的；

第三个是对己方看似不利的，这个方案最好附加一些条款，比如，价格比较低，但必须签署长期合作协议，或一次性大批量下单等。

这样无论对方怎么做选择，都能给我们一个较为满意的结果。

3）针对折中方案去协商。

如果三个折中方案对方都不认同，都不接受，你可以和他继续针对折中方案进行沟通和协商。如果协商无果，你还可以让对方提出折中方案，供你参考和选择。

5.5 用客观标准争取有利局面

当谈判出现分歧，谁也无法说服谁的时候，要想打破僵局，最有力的武器就是引用客观标准作论据。所谓客观标准，指的是不受主观意愿左右的客观事实、规则。客观标准代表着公平，标准越具体，就意味着越有参考价值，越有说服力。

有一次，我晚上9：55去一家经常光顾的某知名连锁饭店买了一份小吃和一杯热豆浆。当服务员把豆浆端上来时，我发现豆浆已经凉了，于是我要求换一杯热豆浆。没想到，服务员不耐烦地说："再过5分钟我们店就要打烊了，现在没办法做出新鲜的热豆浆。"

我没有多说什么，而是指着墙上张贴的该饭店印制的保证食物新鲜的宣传单，对服务员说："你看到你们店的宣传单了吗？上面清楚地写着你们的食物在整个营业期间都是绝对新鲜的，上面还写着保证用新鲜的食材为你提供完美品质。你们店要到晚上10点停止营业，现在还在营业时间对吗？"

服务员哑口无言，很快就为我送来一杯热气腾腾的豆浆。

遇到这种情况，也许很多人会无奈地接受这杯凉豆浆，或者一气之下转身就离开。在他们看来，根本没有必要和服务员较真儿。然而，我们要搞清楚一件事，我并不是故意找碴儿，我只是在用谈判的方式维护自己作为一名消费者的正当权益。而我的谈判方法很简单，搬出客观标准，让对方满足我的要求。

在谈判中，有些人在和对手出现意见分歧时，只是一味地表达自己的主观感受，诉说自己的担忧和需求，这往往很难得到对方的配合。而会谈判的人，懂得引用客观标准为自己争取有利的局面。客观标准是解决问题的依据，通过引入客观标准，能够把对方的注意力引导到问题的是非曲直上，而不是无效的争论上。这样，无疑有利于打破谈判僵局，促使谈判取得进展。

陈皓是一家房地产公司的项目主管，他代表公司与一家建筑公司签署一份房屋建筑合同。按照合同要求，房子要用钢筋混凝土地基。不过，对于地基的深度，合同没有明确规定，只列了一个大致范围。建筑公司建议地基深度达到2米就可以，但陈皓认为，至少需要达到4米才能确保房屋的抗震能力。

眼看双方争执不下，谈判无法朝着预期方向发展，陈皓决定搬出客观标准，他说：“也许2米深的地基可以支撑这座10层高的房屋，但万一发生地震，地基的坚固性和房屋的安全性是否有保障呢？也许在别的地方，2米深的地基没什么问题，但是在我们这里，去年刚发生过一次地震。你认为政府会同意2米深地基的标准吗？再看看附近正在建造的楼房，我们可以去看看他们的地基深度，去不去？现在就可以去看。”

几个问题问下来，建筑商顿时没话说了。最后，他们同意把地基的深度设定为4米。

谈判的双方，各有各的主观意图，各有各的立场，而且谈判的涉及方越多，立场也就越多，想要达成一致的意见就越难。在这种情况下，引用客观标准的作用就越发明显，引用客观标准的必要性就越大。

那么，在引用客观标准时，需要注意什么呢？

（1）和对方一起寻求客观标准

客观标准应该是双方共同认可的，而不是一方强加给另一方的。因此，在引用客观标准时，要尽可能地引用法律法规、行业规则、产品标准等，这些标准是大家公认的，是最有说服力的。如果无法引用这类标准，再退而求其次，引用客观事实，以此为客观标准。

比如，你找一家搬家公司，想把一堆家具从城东搬到城西。搬家公司要价800元，这超出你的预期，你可以说："我记得前段时间，我的一个朋友也是搬家，他是从城西搬东西到城东，同样的距离才花500元，你们的价格比那高了不少啊！"只要对方认可你的标准，对方就会同意你的意思。

当然，对方可能不认可你的标准，他也会找出另外的标准。这个时候，你需要留意对方说的标准是否存在漏洞，并和对方针对标准进行协商，最终商定一个大家都认可的价格。

（2）有时候标准并非只有一项

很多时候，作为打破谈判僵局的客观标准并不是只有一项，而是多项。比如，汽车发生交通事故后，在与保险公司就汽车赔偿额问题进行洽谈时，可以采用的衡量汽车价值的标准就很多，或原车成本减去折旧，或更换同档次汽车的费用，或法院判定的该车的价值。

再如，买卖二手房时，衡量房屋价值的标准也有很多，或采用“当前房地产市场每平方米的均价 × 房屋面积”，或采用“首次购买房屋的花费 + 装修成本 + 家具家电的费用”，还可以采用“相同面积、同一地区、装修档次相当的房屋作为参考依据来评估房屋价值”。

（3）认真考虑他人引用的标准

在谈判出现分歧时，我们可以引用客观标准，别人也可以引用客观标准。在我们强调自己的客观标准是最客观的同时，也要认真考虑别人引用的客观标准。或许你的标准很合理，但也不排除对方的标准更科学。有时候，同一个问题可能会存在多种标准。在这种情况下，我们要在双方引用的标准之间做一个合理的协调。以买卖二手房为例，买家可以用他的标准来衡量房屋的价值，卖家也可以用他的标准来衡量房屋的价值，最后，两人把各自计算出来的价值做一个对比，再进行适当的折中，这样就更容易化解分歧，达成一致。

5.6 站在对方的角度，有效地消除分歧

无论是正式的商务谈判，还是一般的推销产品，或是日常的人际沟通，我们可以先找到对方的需求点，再去满足对方的需求。这样就可以轻松达成谈判目标。

在谈判中，双方所持的立场是不同的，立场不同，意味着观点、想法不同，这就很容易出现分歧。当分歧出现时，如果双方只是一味地从自己的角度出发去看问题，那么分歧就无法消除。而会谈判的人，懂得站在对方的角度思考，了解对方的需求，在不触及己方利益底线的情况下予以满足，从而有效地化解分歧，推进谈判的进展。

刘娟和张丽是关系较好的大学同学，毕业后合租一个房间。可合租没多久，两人就陷入了“冷战”。事情还得从两人的生活习惯说起。刘娟从事的工作是文案策划，在夜深人静的时候，她更有灵感。另外，她本身就习惯了晚睡晚起，经常到深夜还在电脑上工作或看电影。

而张丽习惯了早睡早起，每天晚上9点多，她就洗漱完毕，躺在

床上准备睡觉了。可是刘娟还在玩电脑或工作，室内的灯还亮着，让她难以入眠。

张丽向刘娟抱怨灯亮的问题，刘娟却说："你买个眼罩，这样灯亮就不会影响你。"

张丽说："我戴眼罩不习惯，戴着睡不着！还是你买盏台灯比较好！"

刘娟却说："不习惯戴眼罩是暂时的，慢慢你就习惯了！"

后来，刘娟经人提醒，要站在对方的角度看问题，于是她买了一盏台灯，同时建议张丽买个眼罩，试着戴眼罩睡觉。终于，分歧化解了。张丽可以早睡，刘娟可以在晚上开着台灯玩电脑。

为什么刘娟和张丽的分歧能够化解？因为刘娟学会了站在对方的立场看问题，考虑对方的需求，照顾对方的感受，所以，分歧迎刃而解。

很多时候，人们由于经验、学识、立场和价值观的不同，对同一问题的看法会存在很大的差异，甚至会相互对立。这个时候，如果能站在对方的角度看问题，就容易理解对方的观点和想法，也更容易找到化解分歧的突破口。

换位思考也叫心理置换，指的是站在对方的位置，考察整个谈判过程，分析自己提出的条件，会带给对方什么看法。这不仅有利于缓和情绪，而且能够让你更加真切、全面地考虑对方的需要，从而根据对方的需要调整谈判的策略，以顺利实现自己的谈判目标。

一次，美国甲骨文公司在报纸上刊登了一则招聘CEO秘书的广告。结果，在很短的时间内，就有几百封邮件纷至沓来。邮件的内容大同小异，大家写了一段简短的自我介绍，再附上个人简历。不过，有一位求职者特别聪明，她的邮件内容是这样的：

敬启者：

你的招聘广告肯定会在短期内收到很多回函，我相信你肯定会很忙碌，没时间一一阅读这些信件。因此，如果你不介意的话，我很乐意帮你整理这些信件。我曾经有过五年的秘书经验……

×××

甲骨文的首席执行官拉里·埃里森看到这封邮件，顿时欣喜若狂，他立即给这位求职者打电话，通知她第二天来公司上班。后来，有人问拉里·埃里森为什么录用这名求职者，拉里·埃里森说："像她这样的员工，走到哪里都受欢迎。"

为什么这样的员工受欢迎？因为她善于换位思考，知道别人是怎么想问题的，然后针对别人的想法和需求，提出自己的解决方案。这不正是一场成功的谈判吗？这次谈判让她赢得了世界五百强公司CEO的青睐，让她有机会从几百人中脱颖而出，赢得了一份非常不错的工作。由此可见，换位思考在谈判中是多么重要。

那么，在谈判陷入僵局时，怎样通过换位思考打破僵局呢？

（1）适时转变自己的角色

在谈判时，很多人都可以快速地进入自己的角色，明确自己在谈判中扮演着什么角色，要承担什么样的责任。自己的角色越明确，对谈判时所坚持的原则、底线和预期达成的目标，就越发清晰。但真正会谈判的人，不仅能够明确自己的角色，还善于适时转变自己的角色，即在遇到分歧时跳出自己的角色，化身对方的角色，站在对方的立场去揣测对方的想法和意图，站在对方的立场去分析应对对方的想法和意图。

（2）深入思考对方的需求

当你站在对方的立场看问题时，你首先要思考对方的需求有哪些，再回过头来问自己能满足对方哪些需求，哪些需求是不能满足的，为什么不能满足，怎样才能引导对方调整需求，以便能满足他。通过这样一系列发问，有助于你找出化解分歧的方案。当你按照这样一种思路找出化解分歧的方案时，你就很容易赢得对手的信赖，顺利化解分歧。

5.7 请中间人调解，让谈判迎来生机

在政治事务中，特别是国与国之间、地区与地区之间发生冲突，产生矛盾时，由第三方出面斡旋，往往可以取得不错的调解效果。在日常生活或商务谈判中，也可以运用这一方法，帮助双方消除分歧，打破谈判僵局。

阿华和妻子因家庭琐事发生争吵，双方互不相让，导致夫妻关系陷入“冷战状态”。这种状态持续了一个星期，还不见好转，严重影响了阿华的正常工作。

阿华觉得不能再这样下去，决定找个中间人来调解。

找谁呢？阿华想到了朋友陈林。陈林跟阿华夫妻俩是大学同学，大家平时接触较多，关系不错。于是，阿华向陈林说明意思，陈林很爽快地答应调解。

这天，陈林假装串门，来到阿华家。见阿华夫妻两人不对劲，便煞有介事地询问情况。阿华妻子气恼地把吵架的原因告诉了陈林。

陈林听后，先是安抚阿华妻子的情绪，然后把阿华批评了一

顿，再委婉地指出阿华妻子做得不对的地方。最后，陈林说：“夫妻过日子，免不了有磕磕碰碰的时候。两个人别斗气，相互让一步，就没什么大不了的。”

经过陈林一番调解和开导，阿华夫妻俩很快甜蜜如初。

同样，在谈判中，由于双方所站的立场不同，内心的需求不同，渴望达成的谈判目标不同，很容易出现分歧甚至是僵局。当双方处于僵局时，可能碍于面子，都不愿意让步。在这种情况下，找一个双方都能接受的中间人作为调解者是很有必要的。

那么，我们应该怎样选择中间人？中间人又应该做些什么，才能有助于化解谈判分歧呢？

（1）中间人由自己挑选，但要考虑对方能否接受

当谈判陷入僵局时，如果你想找个中间人来调解，那么这个中间人最好是双方都熟识的，这样对方就容易接受。

另外，在选择中间人时，不仅要考虑其口才和能力，还要考虑其是否具有权威性。一般来说，中间人的权威性越高，调解的效果就会越好。比如，在商务谈判中，请同行专业人士出面调解；在夫妻发生矛盾时，请德高望重的长辈调解，都能取得不错的调解效果。

（2）主动更换谈判人员，作为己方握手言和的表示

有时候，谈判陷入僵局时，主动更换谈判人员，向对方作出握手言和的表示。这从某种角度上来说，也是请中间人调解的一种表现，也是打破僵局的一种有效策略。更换谈判人员，并不是因前一位谈判人员能力不行，或失职了，而是一种自我否定的策略，即通过更换谈判人员来表示：之前我方提出的某些条件不能作数，原来谈判人员的主张欠妥。这就相当于是一种委婉的致歉。

在更换谈判人员后，新的谈判人员可以把谈判僵局的责任归咎于原来的谈判人员——也许事实不是这样，只是委屈一下前谈判人员，让他充当一下替罪羊的角色。这种策略目的是给自己回到谈判桌找个借口，缓和一下谈判场上对峙的气氛。

需要注意的是，不到万不得已，不要轻易更换谈判人员，更换了谈判人员，事后还应及时安抚其情绪，避免挫伤了他的积极性。同时，更换谈判人员，还要向对方说明原因，使对方能够理解。

（3）让中间人拿出一个双方都能够接受的新方案

请中间人出面调解，这只是一种态度。光有态度还不行，必须拿出有效的解决问题的方案。因此，这要求中间人有调解的能力，能够拿出一个双方都容易接受的新方案。当然，如果中间人是你邀请来的，你可以和他一起商量、拟订新方案。这个新方案相对于之前的方案，你方应该是有所让步的。比如，之前你的产品报价是5万元，对方坚决不同意，表示高于4.5万元不买。那么，中间人出面调解，拿出的报价应该低于5万元。如果中间人还是坚持5万元的报价，那还有什么调解的必要呢？

第6章

适时让步给合作
留下转身的空间

谈判需要坚守自己的底线，但也是一门“如何在最小让步的情况下与对方达成协议”的艺术。掌握了这门艺术，谈判才不会出现情绪化的争吵，易于让对方感受到你的谈判诚意。特别是当双方出现分歧时，适时让步能给各自留下转身的空间与合作的机会。

6.1 让一步是为了向结果进一步

在很多人眼中，谈判中的让步意味着己方利益受损，是一件没有面子的事情。所以，有时候他们宁可不合作，也坚决不让步。其实，这是对让步的一种误解。谈判之所以叫“谈判”，本身就是一个沟通协商的过程，沟通协商就意味着要让步和妥协。如果双方自始至终都不肯让步，那就没有谈判的必要。所以，让步是谈判中的普遍现象，也是促成双赢合作的关键。

但是，让步是有讲究的。当你作出让步时，也应该让对方作出一定的让步。一来可以凸显你这一让步的重要性，二来也体现了互惠原则，更有利于促成双赢。如果不懂得在让步时索取回报，一味地免费让步，你就会陷入被动的局面，甚至满盘皆输。

有个著名的阿拉伯人和骆驼的故事。讲的是在寒冷的夜晚，骆驼恳求阿拉伯人：“能让我把脖子伸进你的帐篷吗？只占一点点地方。”阿拉伯人同意了。骆驼又故技重施，结果前腿、后腿，以至于整个庞大的身躯都挤进了小小的帐篷。最后，阿拉伯人被骆驼挤出了帐篷。

所以说，在谈判中，你的痛快让步会让对方认为还有砍价的空间，还会进一步要求你让步。特别是面对贪得无厌的对手，你一味地让步除了激发对方提出更多过分要求外，任何好处都得不到。

（1）即使决定让步，也别太痛快

有些销售员经常犯这样的错误：为了向客户示好，为了表达成交的诚意，客户一开口还价，他们就答应了。甚至客户只是沉默一会儿，他们就沉不住气，主动把价格降下来。这种主动让步的做法，往往是吃力不讨好。

所以，当谈判对手要求你作出让步时，你最好先别答应，而且要表现出很为难的样子，把你的难处解释给对方听。你越表现得为难，对方越容易相信你没什么让步空间。最后，如果你实在拗不过对方的讨价还价而作出小小的让步，对方就很满足，很有成就感。

（2）答应让步，但也要提出条件

即使对方要求小的让步，你也应该索取一些交换条件。这样做的好处是，你可能得到对方的让步，从对方那里得到回报。即使对方没有让步，你也能通过这种策略阻止对方无休止的要求。

当然，有些谈判内容比较复杂，我们在让步的时候，没办法要求对方也退让一步，但是可以提出相应的条件，以争取从对方那里获得回报。比如，作为卖家，当你在产品单价上作出让步时，你可以要求对方一次性购买多一点产品，或在交货期上给你宽限时日。

客户：你们的产品价格可以降低一些吗？

销售员：您打算购买多少？

客户：我想先买一箱。

销售员：只买一箱也要送一趟，买10箱或100箱，也是送一趟。所以，买一箱很难给你降价。

客户：那怎么办？我确实要不了那么多货。

销售员：要不这样，你买一箱的话，我给你优惠点，但我们就不送货上门了，你自己提货，怎么样？

客户：这样也行，一箱货也不多，我自己拿回去。你给我优惠多少？

销售员：……

案例中的销售员很聪明，他懂得带着交换条件的思路去让步。

6.2 把握时机，在双方僵持不下时让步

两车相遇要有一个让道的，两人相遇要有一个让路的。但让道、让路的前提是道路狭窄，两者并行无法通过。如果道路宽敞，双方可以各行其道，就没有让道、让路的必要。谈判也是这个道理，只有在双方出现重大分歧，导致谈判陷入僵局，再也没办法往下谈的时候，才有让步的必要。

一般来说，让步不宜过早，也不宜过晚。过早的让步会给对方传达错误的信号，觉得你底气不足，这会使对方在接下来的谈判中继续要求你作出更大的让步。而过晚的让步则无法起到最大的刺激作用，特别是当谈判已经陷入很严重的僵局时，即使你作出让步也可能无济于事，对方觉得你没有诚意。下面，我们来看一个过早让步导致谈判失败的案例：

销售员："您觉得我们的产品怎么样？打算买多少？"

客户："我觉得你们的产品价格太高了，如果你能降低价格，我会认真考虑的。"

销售员："没问题，每件产品我再降50元。这是最低价，不能

再降了。”

客户：“降50元太少了，希望你再降点！”

销售员：“我计算一下，最多只能再降10元，不能再降了。”

客户：“你们通常在付款方式上有什么要求？”

销售人员：“先预付50%，收到货再付50%。”

客户：“我现在没有那么多现金，没办法预付，可不可以收到货后三个月一起支付？”

销售员：“对不起，公司没有这样的先例，我也没有权力改变支付方式。”

客户：“既然这样的话，那我没办法购买你们的产品了！”

在这个案例中，销售员过早让步，让他在后续的谈判中变得很被动。客户见他让步那么痛快，于是再次要求他让步，得到满足后，又要求改变支付方式。最终，因支付方式问题放弃成交。如果销售员不过早作出让步，而是先商定支付方式，再在价格分歧时作出让步，也许这单生意就成交了。

当谈判双方僵持不下，成交受到极大威胁时，暂时退一步，吃一点亏，常常能收到“山重水复疑无路，柳暗花明又一村”的效果。这样有利于保住大局，为双方下一步交易留下转身的空间。那么，什么时候让步才叫时机得当呢？

（1）在与对方作出交换条件时适当让步

在谈判中，如果对方作出了让步，并要求我们让步，按照互惠原则和公平法则，我们应该作出适当的让步。当然，如果对方提出的要求太多，要求我们让步的空间太大，我们可以拒绝或削减对方的要求，减少让步空间。这一切都要结合我们的谈判目标和底线来决定。

（2）把重要问题上的让步放在最后关头

把重要的让步放在最后关头，指的是在涉及重要问题上的分歧时，不到万不得已，绝不要让步。这样可以暗示对方你已经没有任何让步余地了。当然，要想达到这个目的，你在重要让步之前，也应该适当在非重要问题上作出一些小的让步，表达合作的诚意。如果从谈判开始，一直到谈判的最后关头，始终咬定己方条件不松口，始终不肯让步，那么对方会觉得你太没诚意，很可能不再和你继续往下谈。

（3）把握对方的需求点，适时作出让步

让步是建立在充分了解对方的基础上的。对方比较看重的方面，有时候也许对我们来说并不重要。比如，有些客户急着要一批货，他在乎的是交货期，那么你可以在交货期上作出让步。你提出10天交货，客户要求你7天交货，如果7天内能够交货，那不妨作出让步。

有些客户看重产品质量，哪怕交货期延迟几天也无碍，那么你就要承诺产品质量，哪怕一些质量数据更苛刻，只要你能做到，也可以答应。有些客户因手头资金短缺，特别看重付款方式。你提出货到100%付款，对方表示收获时只能付款50%，如果你信任对方，不妨作出让步，答应对方的要求。这样也可解客户燃眉之急，为今后的合作打下良好的基础。总之，让步要找准客户的需求点，对胃口的让步才是最有吸引力的，才最容易促成合作。

6.3 谨慎地掌握让步的幅度

假如你是一家眼镜店的老板，现有一款积压的太阳镜要处理，原来标价1000元/副。因为款式过时或其他原因，现在处理价为400元/副，而进价是600元/副。顾客见眼镜从原来的1000元降到400元，看到一下子便宜了这么多，他开口第一句话往往是："再少点吧！300元卖不卖？200元卖不卖？"

顾客这种表现就叫得寸进尺。为什么顾客会得寸进尺？其实，都是你助长的。因为你一次让步的幅度太大了。多年的谈判经验告诉我，在一次成功的谈判中，每次让步的幅度应该小一点。因为如果你作出"大步流星"式的让步，别人自然会认为你还有很大的让步空间，就会进一步向你施压，迫使你作出更大的让步。因此，即使你认为必须作出让步，也要谨慎地掌握让步的幅度。

宋女士去买空调，左挑右选，货比三家后，她把注意力放在一款标价为4000元的某品牌变频空调上。不过，她觉得价格太贵了，于是开始砍价。在讨价还价的过程中，销售员是这样让步的：

第一次：给宋女士降了50元，宋女士嫌贵；

第二次：又给宋女士降了100元，宋女士还是不接受；

第三次：又给宋女士降了200元，宋女士还是不满意，继续砍价。但销售员表示，再也不能降了，坚决不肯降价。

最终，双方以3650元的价格成交。

同样的例子发生在另一家空调店，销售员是这样让步的：

第一次：给顾客降了200元，顾客嫌贵；

第二次：又给顾客降了100元，顾客还是不接受；

第三次：又给顾客降了50元，顾客还是不满意，继续砍价。但销售员表示，再也不能少了，坚决不肯降价。

最终，双方以3650元的价格成交。

对比以上两种让步方案，你认为哪种比较好呢？

我们先来分析第一种让步方案，三次让步的幅度分别为50元、100元、200元，幅度是递增的（如图6–1所示）。虽然宋女士最终买了空调，但她付完钱后会觉得有点冤：为什么没有再多坚持一会儿，应该还能再降点。

再来分析第二种让步方案。三次让步的幅度分别为200元、100元、50元，幅度是递减的（如图6–1所示）。成交后，顾客觉得可能还有让步的余地，但也不会太大，心里会感到平衡。

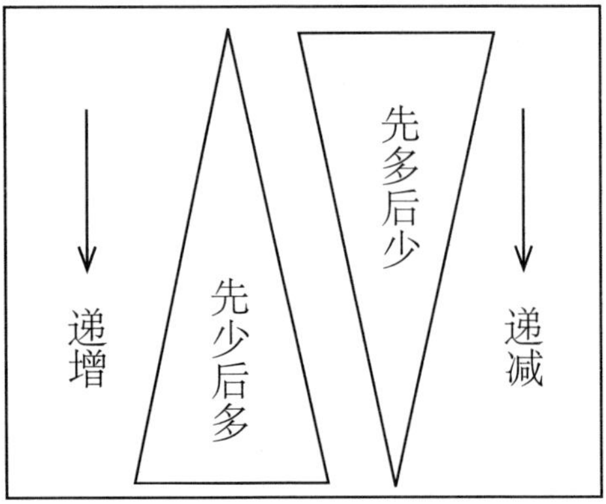

图 6-1　递增让步与递减让步的差异

逐步递减的让步幅度，给人的感觉就像挤海绵里的水，越挤越少。虽然最后也能挤出一点水，但水分少得可怜。换言之，就是越让步，越困难。这样才能给谈判对手一种“没有让步空间”的感觉。因此，第二种让步方案比第一种让步方案好。

这个例子告诉我们：在让步的时候，一定要谨慎地掌握让步的幅度。掌握让步的幅度有以下两层含义：

第一，每次让步的幅度不要太大。即尽量作出“小碎步”式的让步，而不要作出“大跨步”式的让步。具体作出多大幅度的让步，要根据产品的价格来定。对于几千元甚至上万元的产品，每次让步一两百元即可，对于几百元甚至几十元的产品，每次让步几十元甚至几元就可以了。

第二，多次让步的幅度保持递减。即先可以多让步一点，越往后，让步越小，这样可以表明己方的立场越来越坚定。同时，暗示对方虽然已方愿意让步，但已经到了极限。这样对方更容易获得满足感，而不会无休止地要求你让步。要知道，对方跟你砍价，不一定都是为了便宜，很多时候是为了通过谈判获得一种胜利的心理满足。

此外，以下三种让步策略也符合“让步幅度小”的原则，如图6-2所示。

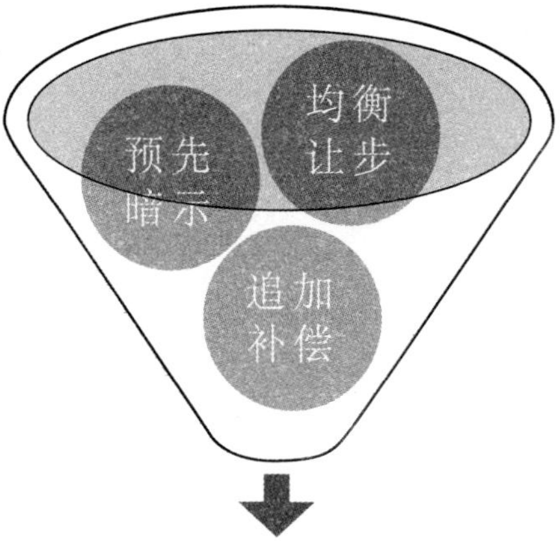

图6-2　三种小幅度让步的策略

（1）预先暗示

所谓预先暗示，指的是在谈判中，先给对方介绍产品的功能或特点，以及卖这个价格的原因，给对方造成物有所值的感觉。同时暗示对方，价钱可以少一点，但不会少很多。在这种情况下，对方就会觉得没有太大的还价余地，还价的意图和决心就不会那么坚定。此时，如果你稍微作出一点让步，对方就比较容易接受。

（2）均衡让步

所谓均衡让步，是指以一种相等或近似相等的幅度逐轮让步。这种让步方式适用于轮数比较多、周期较长的谈判。因为每一轮都作出小幅度的让步，既能表明谈判的诚意，也能表明己方的立场，又能刺激对方继续展开下一轮谈判。这种策略还能拖长谈判周期，使对手厌烦不堪、不攻自退。因此，遇到耐心不够的谈判对手，可以采用这种让步策略。

（3）追加补偿

所谓追加补偿，指的是面对对方的讨价还价，我们拒绝对方，转而在其他方面作出让步，或给予对方一点补偿。比如，在价格上没法让步时，我们可以提出："如果你买这副眼镜，我们可以赠送你一套眼镜护理液。""买一套衣服500元，买两套的话给你算800元。""今天正在搞活动，购买一台空调，可以获赠一套价值166元的空调被。"通过这种补偿的方式，可以弥补价格上的不让步给客户造成的挫败感，从而打动客户的心。

6.4 避开关键点，在次要的地方让步

在谈判中，双方一般都很重视价格、付款方式、交货时间等重要问题。当双方在这些问题上产生分歧时，一开始你最好别轻易让步。不妨先谈谈其他方面的问题，如产品质量、产品性能、产品款式和包装、购买量、售后服务等相对不那么重要的问题，争取在这些方面达成共识。即使达不成共识，你也可以在这些方面适当作出让步，促成双方达成共识。然后，再来谈重要的问题，围绕重要的问题讨价还价。这样更容易达成合作。

暑假期间，张媛在姨妈的服装店帮忙。一次，有两个女孩来店里，其中一个女孩看中了一件连衣裙。问了价格后，两人表示太贵了，希望能便宜点。当时店里的销售员和她们围绕价格问题谈论了很久，但始终没有达成一致。销售员一脸无奈，站在一旁的张媛走过去跟两个女孩沟通。

张媛问对方："要不这样吧，你先试穿一下这件裙子，看看穿起来的效果怎么样。因为现在谈价格问题为时尚早，万一价格谈拢了，等会儿试穿效果不理想，那咱们岂不是白忙活一场？"

女孩觉得有道理，拿起连衣裙，去了试衣间。等她穿着裙子走出来时，她的同伴一声惊呼：“哇塞！太有气质了！这裙子简直就是为你量身定做的。我好羡慕哦！我也想买一件！”

张媛顺势引导：“同款的有很多颜色，你可以选一款你喜欢的颜色，去试穿一下。”

对方一听，马上兴致勃勃地挑选。试穿后，她发现自己穿这件裙子也很漂亮，也想买一件，但希望价格便宜点。

张媛没有急着让步，而是先强调这款裙子的质量和用料，还让两个女孩用手摸一摸。接着，又告诉她们店里正好搞活动，凡是购买一件商品的顾客，可获赠一个价值39元的精美水杯。如果她们诚心购买，还可以赠送她们每人一条价值59元的品牌长丝袜，以搭配裙子。最终，两个女孩在张媛的劝说下，各自爽快地买下了一条裙子。

通过这个案例，我们可以发现：谈判中面对对方的讨价还价，只要转变一下思路即可。让步并非不可以，但要看在哪些地方让步。不在关键问题上让步，在次要问题上让步。这样既让自己体面，又不至于损失太多，而且对方也容易接受。

具体怎么做呢?

（1）明确哪些是关键问题，哪些是次要问题

为了避免在关键问题上让步，给我们造成较大的损失，让我们陷入谈判的被动局面，我们在谈判之前，在准备谈判目标的时候，要先界定好哪些是关键问题，哪些是次要问题。要明确哪些方面可以让步，哪些方面不能让步或尽可能少让步。有了充分的思想准备，在谈判中我们才不会盲目让步。

（2）针对次要问题，提前准备相应的让步方案

要想避开关键问题上的让步，我们必须针对次要问题提前准备相应的让步方案。假如你把价格视为关键问题，不想轻易让步，那么可以针对付款方式、购买量等准备相应的让步方案。

让步方案一定要事先想好，脑子里要有一个清晰的思路，否则，谈判时很容易在对方的催逼下，轻易改变自己的底线，作出不利于自己的让步。

（3）暂时放下关键问题，引入一个新议题

在谈判中，当双方在关键问题上争执不休，分歧较大时，可以暂时放下关键问题，引入一个新议题，以打破僵局。例如，双方在某个合作项目的收益分配上互不相让，为了避免僵局，乙方引入一个新议题：如果甲方愿意以一个合适的价格购买其长期闲置的一套生产设备，他们可以接受对方提出的收益分配比例。

（4）保留几项优惠服务，作为让步的条件

在谈判中，有些人为了促使对方早点作出合作承诺，会一股脑地将所有能让步的条件都告诉对方，希望这样能打动对方。殊不知，这是谈判的大忌。

明智的做法是，保留几项优惠措施，先不告诉对方。当对方要求降价时，再避开降价问题，适时向其介绍优惠项目。以这种方式转移对方的注意力，满足其砍价求实惠的心理。在这种情况下，这些优惠措施能起到很好的催化作用，增加成交的希望。

6.5 虚设领导，给让步留下缓冲的时间

在谈判中，当对方要求我们让步时，我们可以把“领导”拉出来做挡箭牌，表示自己权力有限，要请示领导的意见。这种策略的应用可以使我们在遇到棘手的问题时，为自己争取更多的反应时间，而不必马上回复对方的要求，从而给让步留下了缓冲的时间。

比如，在谈判中相持不下时，不妨这样解释：“我能够理解你们的难处，如果我能做主，我肯定愿意接受你们的条件。但我的领导跟我交代过了底价，我也没有办法啊！要不，我再回去请示一下领导，然后再给你答复？”

在谈判中，即使你有最终决定权，对方只要说服你就可以了，但如果你告诉他：“我权力有限，必须请示领导才能决定。”情况就不同了。对方会做更多的工作努力给你留下好印象，因为他指望你替他在领导面前美言几句，甚至会给你提供一个让领导容易接受的方案。而这个方案必须先打动你，才能使你愿意去说服领导接受。

“请示上级领导”策略十分有效。

首先，使用这种策略可以避免与对手发生正面冲突。

在很多谈判中，因为一方讨价还价导致另一方强烈不满并终止谈判，或者虽然勉强达成交易，但此后再也没有合作的机会。使用“请示上级领导”策略就可以巧妙地避免出现这种状况。

其次，你可以为自己争取到更多的思考时间。

当对方给出最后的报价，你不知道该不该答应时，可以通过“请示上级领导”策略有意拖延回复时间。然后利用这段间歇空档，去了解竞争者的报价及市场行情，权衡利弊，再作出最后的决断。

那么，在使用“请示上级领导”策略时，要注意什么呢？

（1）认清“请示上级领导”策略的使用条件

“请示上级领导”策略并非任何时候都可以使用，要想它发挥作用，必须满足以下三个条件，如图6–3所示。

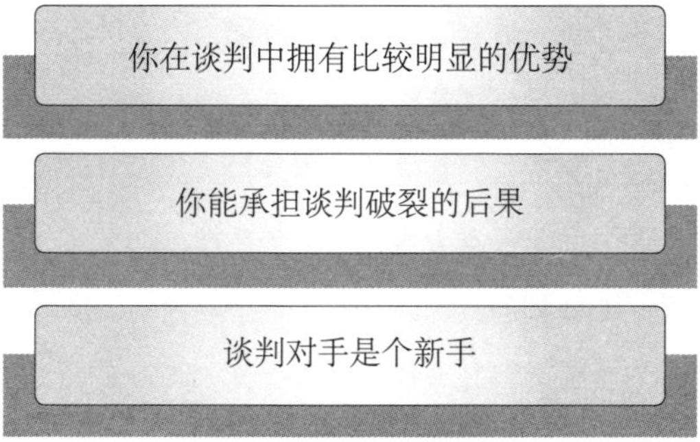

图6–3 使用“请示上级领导”策略的三个条件

条件1：你在谈判中拥有比较明显的优势。

比如，你们的产品质量十分过硬、口碑极佳，你们的服务水平在行业里属于一流，你们的产品价格有很强的竞争力。对方看重了其中的某一点，急于和你达成交易。这个时候你使用“请示上级领导”策略就很有效。

条件2：你能承担谈判破裂的后果。

使用“请示上级领导”策略有一定的风险。如果对方没有耐心，见你没有及时答复，退出了谈判，你能承担谈判破裂的后果吗？如果你的回答是肯定的，你才可以使用这个策略。

条件3：谈判对手是个新手。

谈判对手是个新手，缺乏行业知识，缺少自信，是你使用“请示上级领导”策略的最佳时机。

（2）“上级领导”不应该是一个具体的人物

在运用“请示上级领导”策略时，要牢记一点：你所提的领导不应该是一个具体的人（如图6-4所示），否则，可能会给你带来麻烦。比如，你告诉对方：“我的权力有限，没办法答应你的开价。我必须请示上级领导，才能给你答复。”这时，对方可能会追问：“你的上级领导是谁？”如果你告诉他：“我的上级领导是公司销售部的张经理。”万一对方直接找到张经理，怎么办？所以，上级领导应该是一个模糊的人物，甚至是一个模糊的团体。比如，销售部的几位领导，或公司几个部门的负责人，或公司董事会的几位主要成员。这样对方只有耐心地和你谈判。

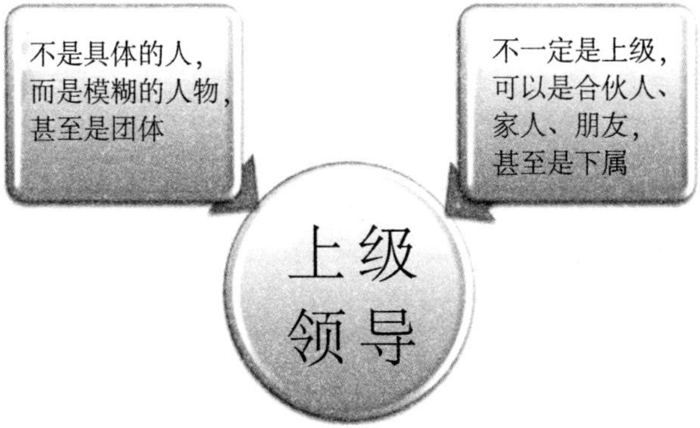

图6-4　关于上级领导

（3）“上级领导”不一定真的是上级领导

“请示上级领导”策略可以灵活多变使用（如图6-4所示）。哪怕你是企业老板，已经是最高领导了，也可以使用这个策略。略有不同的是，你不能对对方说：“我要请示我的上级领导。”而应该说：“我要征求一下几位合伙人的意见。”“我要征求几位负责人的意见。”

在日常生活谈判中，你可以把“请示上级领导”变为“我要和家人商量一下”，“我要和父母商量一下”，“我是帮朋友买这个东西的，我要听听朋友的意见”，甚至你在给孩子买玩具时，面对店主给出的报价，还可以说：“我回去跟孩子商量一下。”

总之，“请示上级领导”策略不一定必须请示上级领导，下属的意见、家人的意见、朋友的意见都可以请示。关键看你如何巧妙地使用，如何做到既合情又合理，使对方相信你的说法。

最后，很有必要讲的是，当你的对手使用“请示上级领导”策略时，该如何应对呢？

首先，为了避免对手使用这个策略，你在谈判一开始，就可以率先出击，你可以问对方：“你有最终决定价格的权力吗？”“我猜你是有权最终决定价格的人是吧？”如果对方说“是”，那他就没法使用“请示上级领导”策略。如果对方说“不是”，那么你在谈判时，就要保护好底牌慎重地作出让步，以免陷入被动局面。你甚至可以主动建议对方回去请示领导，因为既然你无法阻止对方使用这招，不妨送个顺水人情。其次，削弱对方请示上级领导的想法。比如，在谈判前，先把压力抛给对方，你可以说：“我会给你一个最优惠的价格，你今天给我一个明确的答复好吧？”或者说：“如果我满足你的要求，你今天能不能做决定呢？”通过诱导式提问，让对方作出承诺，从而让对方不好意思提出请示上级领导。

6.6 任何资源都可以成为谈判的筹码

达到谈判目的的途径是多种多样的，谈判结果所体现的利益也是多方面的。如果谈判双方因为在某个问题上僵持不下，就轻易地终止谈判，导致无法成交，那实在是太遗憾了。其实有时候谈判只需要转变一下思维就不难达到谈判目的，最终实现双赢。

胡雪飞是一家公司的采购经理，也是该公司的谈判高手。每次下属遇到谈不拢的合作，只要她出马，就能取得圆满的结果。有一次，她让下属从国外一家设备制造商那里进购一批生产设备，商家的开价较高，下属怎么谈都无法让对方作出让步。最后，胡雪飞出马。

胡雪飞大致了解了谈判情况，发现双方目前还只是谈价格，至于设备功能、交货时间、运输条件、付款方式等尚未涉及。于是，她先在价格上施压，要求对方作出让步，可对方还是坚持不肯让步。接着，胡雪飞提出："如果你方不愿意降价，那必须在付款方式、交货时间、售后服务上作出让步。"接着，胡雪飞向对方提出三个选项：付款方式采用分期付款，交货时间缩短了三分之一，售后服务中保修时间从原来的一年延长至三年。

最后，客户接受了胡雪飞公司最初的报价，双方达成了交易。

在谈判中，只要能够对对方构成限制，能给自己带来好处的条件，都可以成为让步的筹码。接下来，我们就来看看哪些方法可以帮我们增加谈判的筹码。如图6–5所示。

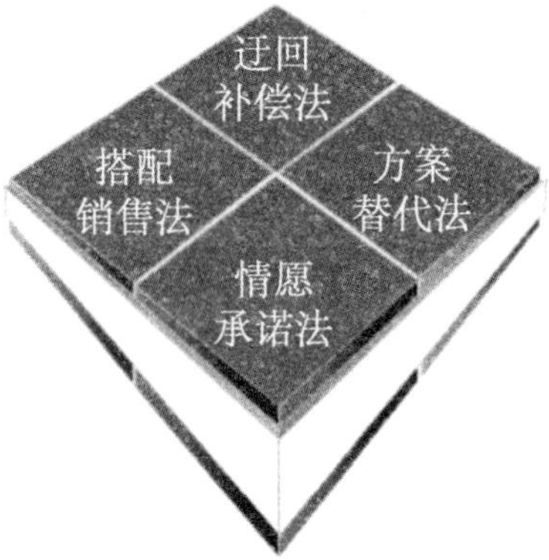

图6-5 增加谈判筹码的方法

（1）迂回补偿法

谈判进入收官阶段，双方马上就要达成一致了，对方却突然提出让步请求。这时你很清楚，价格上已经不能再作出让步了，但如果你拒绝对方，可能影响谈判的顺利达成，甚至导致谈判破裂，让之前的努力付诸东流。这个时候你该怎么办呢?

你可以采用迂回补偿法来应对这种局面。

例如，自动剃须刀生产商的报价引起了经销商的不满，经销商要求生产商降价，生产商说：“这个价位真的不能再降了。这样吧，我再给每一个剃须刀配上一对电池，既可以作为促销活动的赠品，也可以单独零售，怎么样？”经销商一听，觉得这个方案也不错，就同意了。

（2）方案替代法

谈判不可能总是一帆风顺的，双方出现分歧是正常的。怎样在分歧中，保持谈判的筹码，这才是取胜的关键。谁能创造性地提出可供选择的方案，谁就能在谈判中拥有主动权。当然，这种替代方案一定要既能保障自身的利益，又能兼顾对方的利益要求。怎样才能找到最佳的替代方案呢？其实，这需要在谈判之前做准备，构思对彼此有利的多种方案。

1）改变售后服务模式。比如，减少售后服务的烦琐手续，保证售后服务及时、高效。

2）改变产品运输方式。比如，通常情况下，你方采用飞机运输，保证货物最快速度到达。可是，客户一而再再而三地压低价格，降低了你的利润空间。此时，你可以改变产品运输方式，用火车运输代替飞机运输，以降低运输成本，保障产品销售利润。

3）改变付款方式。比如，通常情况下，你们要求客户货到付款，一次性付清。可是，如果客户购买量大，你也可以在付款方式上略作改变。比如，采取货到付款50%，未来三个月内，再付款50%的付款方式。

4）改变产品外包装。比如，客户一再压低价格，为了保证产品销售利润，你可以提出“简化产品外包装”的建议。如果客户进购产品是自己使用，往往不会在意产品外包装。因此，他就会答应你的提议。

5）延长或缩短交货时间。根据客户的报价，灵活地提出应对策略，延长或缩短交货时间，保证公司生产有序开展，这也是一个对自己有利的举措。

（3）搭配销售法

所谓搭配销售法，指的是向对方提出谈判方案时，把多种产品、设备、配件、配套设施，甚至是不相关的产品搭配在一起，像卖“三明治”一样，要卖一起卖，要买就一起买。在这种情况下，卖方在报价里往往包含着可让与不可让的条件。比如，你在购买电脑时，要求店家给予优惠，店家提出了一个方案：“优惠可以，但你必须在我们店购买正版操作系统。我们的正版操作系统售价999元，和电脑组合销售，给你打8折，电脑价格给你打9折，你觉得怎么样？”

在这里，店家其实并不想卖正版操作系统，但迫于你要求降价的压力，他把正版操作系统搬出来，作为让步的筹码。如果你接受他的正版操作系统，就增加了消费项目。当然，如果你需要正版操作系统，那这个搭配方案对你就很有吸引力。

（4）情愿承诺法

所谓情愿承诺法，指的是在客户要求你让步时，你在其他方面主动作出承诺。比如，承诺保修期限、承诺承担质量风险，以打消客户的讨价还价，促使其作出成交决定。

顾客觉得某款手机的价格高了，要求销售员降价，销售员说：“这个价格已经是底价了，真的没法再降了。要不这样，我给你延长保修期。一般手机专卖店保修半年，我们店给你保修一年！一年内维修免费，怎么样？”

在这里，销售员用的就是情愿承诺法。要注意的是，情愿承诺法一方面不能给我们增加过多开支，另一方面不能乱开口头支票。如果不考虑承诺的兑现，不负责任地乱承诺，到时候兑现不了，只会影响自己的信誉。

6.7 恪守底线，不在立场上讨价还价

有谈判学家说：“任何一个谈判结果的达成，都是在谈判之前达成的。”这句话的意思是，谈判能否达成，取决于谈判之前，双方对谈判底线的设定。如果双方的底线重合了，就很容易达成合作。如果双方的底线是相背离的，就很容易无果而终。这就告诉我们，在谈判之前一定要设定好自己的底线，在谈判中要深入了解对方的底线。在讨价还价时，要力求不突破对方的接受范围。当然，也不能轻易放弃自己的底线，让对方突破我们的接受范围。否则，谈判就很可能以失败告终。

顾客：这个铜镜多少钱？

老板：你眼光不错，这是清代光绪年间的铜镜，售价2000元。

顾客：别逗了！这儿有块压痕，我最多出200元。

顾客很快就透露出底线，且不知道卖家的底线，这让他在谈判中陷入被动。

老板：什么？200元？你开玩笑吧？您要是诚心买，我就说个公道价。

老板很聪明，装作很意外，暗示顾客砍价太离谱，希望顾客重新报价。

顾客：那好，我出300元。你卖2000元太离谱了。

果然，顾客受到了暗示，马上调整了自己的底价。

老板：先生，你砍价够厉害的。这样吧，我说个合理的价钱，600元你拿走得了。

虽然老板说出了一个价钱，但顾客并不知道是不是他的底线。

顾客：最多400元，多一分不买！

顾客再次调整了自己的底价，也意味着改变了自己的底线。

老板：我进价也比这高多了！你诚心买吗？

老板很聪明，他不报底价，而是再次暗示客户的价格低得离谱。

顾客：450元，我最多就付这个价。

在老板的暗示下，顾客再次调整了自己的底价。

老板：好吧，我亏点儿就亏点儿吧，就按你的意思成交。

在这个谈判案例中，顾客一直被老板牵着鼻子走。在老板的暗示下，顾客一次又一次地改变自己的底价，一次又一次地作出让步，一次又一次让老板突破了他的接受范围。而老板的底线是什么？老板可接受的卖价是多少？顾客浑然不知。这就是没有深入了解对方底线的后果，也是没有坚守自己的底线，让对手在自己的立场上不断讨价还价的结果。

任何一个达成合意的谈判，都是在各方底线之上的，其结果是双赢。

那么，怎么才能达到这个目的呢？

（1）充分搜集对方的信息

要想了解对方的底线，可以主动出击，通过对方会议资料、刊物、披露信息、内部人士谈话等，从侧面了解对方的意图，预测对方的谈判底线。谈判之前，搜集的信息越充分，对对手的了解程度越深，就越容易精准地预测对方的谈判底线。

（2）尽可能让对手先出牌

买东西的时候，很多顾客喜欢问老板："最低价格是多少？"老板反问："你最多能出多少钱？"双方这么问，都是想让对手先出牌。在谈判中，如果你先出牌，你出牌的条件就可能被对方作为预测你谈判底线的一个参考。所以，谈判时不要急着出牌，而要让对手先出牌。特别是在情况不明朗的情况下，让对方先出牌意味着对方处在明处，自己处在暗处，从而掌握谈判的主动权。

（3）不断试探对方的底线

在谈判中，直接问对方的底价是多少，最低接受的条件是什么，对方很难讲真话，往往含糊其词，不作明确回答。所以，我们要在交谈中不断试探、测试对方的底线。

（4）尽量接近对手的底线

我们强调要恪守底线，不在立场上讨价还价，这既是对自己的要求，也是对待谈判对手的态度。在对手的底线之上，我们应该尽量以一个无限接近对手底线的价钱或条件成交。如图6–6所示。

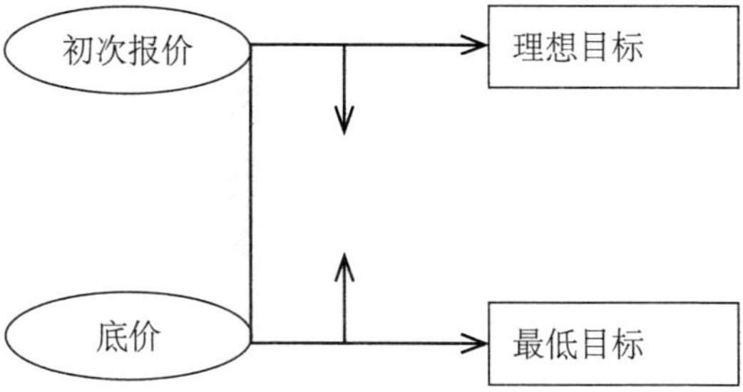

图6–6 无限接近对手底线

同时，我们也要保障自己的利益底线。如果对方提出的要求大大超出了我们的底线，那我们当然不能作出让步。记住：每一次让步都不要突破底线，而要尽可能让成交价远离自己的底线。这样将有助于在后续的沟通中保持更大的余地，在谈判中争取最大的利益。

（5）试着让对手调整底线

环境在变，谈判者的底线也是可能变化的。

约翰·肯尼迪任美国总统时，与当时的苏联进行过一次谈判，主题是“禁止核试验”，但结果以失败收场。实际上，这次谈判没有成功的很大一部分原因是双方所持的底线是“虚假”的。

当时美苏双方面临的一个主要问题是：允许对方到自己境内被怀疑有核试验活动的地区检查的次数。美国的底线是至少检查10次，而苏联的底线是最多检查3次。

具体怎么检查呢？双方都没说清楚，是派两个人随便看一个星期视为检查一次，还是派50个人随地检查一个月视为检查一次呢？所以，双方不应该在检查次数上僵持，而应该在“怎么检查视为一次”这个问题上达成共识。如此，才能说服对方调整其底线——检查的次数。

当然，我们设法说服对方调整其底线，也要根据大环境和自己所处的形势，灵活地调整自己的底线，以便作出最符合自身利益的决策。

第7章

高明的说服是从内心瓦解对方的

谈判就是一场心理战。表面上双方和和气气、笑容可掬，实际上话语中的对抗风起云涌。谁能在心理对抗中占据上风，找到有效的谈判战术瓦解对方，谁就能取得有利于自己的谈判结果。因此，有人将谈判说成是“攻心”一点儿也不为过。掌握攻心技巧，突破对手的心理防线，才能获得最终胜利。

7.1 表演术：假痴不癫，谈判也要演技

我们先来看个案例：

北京有一对兄弟合开一家服装店，据说弟弟有点耳聋，经常听错话。当顾客看中了一套衣服时，就会问："这套衣服多少钱？"

弟弟说："你说什么？"

顾客又高声问一遍，弟弟这才恍然大悟："哦，你问这套衣服多少钱啊！很抱歉，我听力不太好。等我问一下老板！"说完，他转身向哥哥大喊："老板，这套衣服多少钱？"

哥哥认真看了看衣服，说："172元。"

"多少？"

"172元！"哥哥高喊道。

弟弟回过身来，向顾客说："112元。"

顾客一听，急忙掏钱买下衣服，溜之乎也。

其实，弟弟一点也不聋，而是借"聋"和哥哥演戏。靠着反复上演这套剧情，兄弟两人把服装店生意经营得有声有色。

我把这种策略叫作表演术，即假痴不癫，通过演戏来迷惑对手，让对手作出错误的判断和决策，以争取更大的利益。

在谈判中，想要通过表演术来达到谈判目的，可以尝试以下三种简单实用的方法，如图7-1所示。

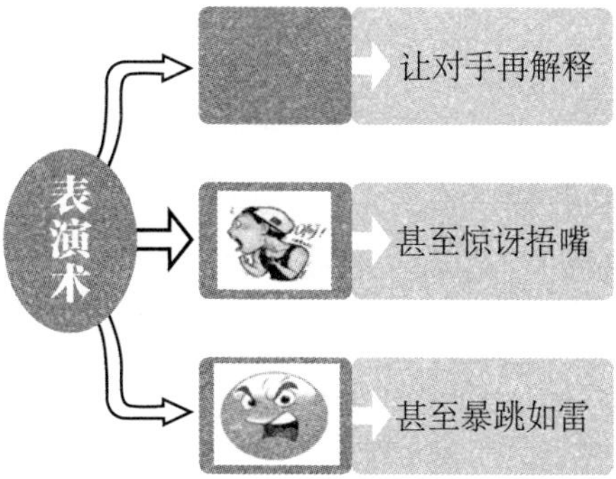

图 7-1　表演术的三种具体策略

（1）假装听不懂，让对手再解释

谈判是一场耐心和毅力的较量，谁耐得住性子，谁就能占据主动。谁过于急躁，谁就容易陷入不利局势。当你面对过于强势的谈判对手时，与其据理力争，不如主动示弱，表现得迟钝、愚蠢，以这种策略来挫伤对手的锐气，消磨对手的意志，让对手着急上火，无奈退让。

日本一家航空公司派出三名代表，与美国一家飞机制造公司谈判。美方作为卖方，非常重视这次商机，挑选了最精明、干练的高级管理人员组成谈判小组，并精心准备了产品宣传资料。在谈判开始前，他们在谈判室张贴了很多挂图，还印制了许多宣传册。

谈判开始后，他们先是花了一个小时，用三台幻灯放映机，像放映好莱坞大片一样地介绍公司。这样做，既是为了显示公司的实力，强化自己的谈判实力，也是想让日方代表更好地了解公司的产品。在整个放映过程中，日方代表静静地坐在那里，看得非常认真。

放映结束后，美方高级主管得意地打开谈判室的灯，转身对三位呆呆坐在那里的日方代表说："请问，你们有什么看法吗？"不料一位日方代表却礼貌地说："抱歉，我没有看懂。"

这句话让美方主管的好心情顿时烟消云散，难掩不快地问道："你说没看懂，是什么意思？哪些地方没看懂？"

"坦白说，我也没看懂。"另一位日方代表也客气地说。

"从哪个地方开始你们没看懂？"美国主管压了压火气，继续问。

"从你们关掉灯，开始放你们公司简报的时候，我就没看懂。"第三位日方代表也相当诚恳地说。

日方代表的回答让美方公司主管产生了严重的挫败感，他沮丧地斜靠着墙边，松开了脖子上的领带，擦了擦额头的汗珠，很无奈地说："我们直接点吧。你们希望我们做些什么？你们的条件是什么？"

三位日方代表异口同声地说："你能再放映一次简报吗？我们想多了解一下你们公司！"显然，这句话有点讥讽的味道，美方公司主管听出了隐含的意思，说："我想没有必要了。我们还是抓紧时间，谈谈价格问题吧。"

当双方坐下来正式谈判时，美方公司主管毫无斗志，只想速战速决，尽早从不愉快中解脱出来。最终，谈判结果自然是对日方有利。

在这个案例中，日方代表把“傻”表演到极致，给美方公司主管制造了强烈的挫败感，让对方无比沮丧，谈判获胜的意志全无。最终，日方如愿以偿，取得了谈判的胜利。

（2）假装很意外，甚至惊讶捂嘴

曾听过一位谈判高手说，在听到对方报价时，不管这个价格是对方占了便宜，还是自己占了便宜，都应该表现得完全出乎自己的意料。这么表现的潜台词就是：“太夸张了吧？太离谱了吧？不会吧？你忽悠人呢？你以为我不懂啊？”比如，你去旅游时，在景区看中了一幅画，你问对方多少钱，对方说：“300元。”这时你应该马上感到意外：“什么！300元？这幅画要300元！你开什么玩笑啊？”对方见你感到如此意外，往往会产生压力感。尤其是当围观者较多时，他的压力就越大，就很可能会主动降价。这样可以为你后面的讨价还价打下基础。

（3）假装很生气，甚至暴跳如雷

在谈判中，当对方提出的条件苛刻，出价远远超出我们的意料。这个时候，我们可以表现得很不高兴，甚至是暴跳如雷。嘴上还可以痛斥对手的“蛮不讲理”，例如，“你说什么？你太欺负人了！我们没什么好谈的！”你演得越生气，对方越有压力，越觉得他或许真的太过分了，就越可能主动退让。

陈先生一家打算去国外发展，临走前，他们打算卖掉家里的钢琴。但是买主想趁火打劫，出价非常低。听到买主的开价，陈先生顿时火冒三丈，痛斥对方："赶紧走！你出这个价钱，简直是侮辱人！侮辱我的钢琴！我宁愿砸掉也不卖给你！"

买主听了这番话，意识到自己的出价太过分了，马上赔笑道："陈先生，你别生气嘛！有话好好说，价钱可以商量！"

陈先生继续演戏："没什么好商量的。"不过，说这话的时候，他的语气明显缓和了很多。显然，他并非真的不想和对方谈。

买主明白这点，再次示好："来，抽根烟。"

最后，经过一番讨价还价，陈先生以超出预期的价格卖掉了钢琴。

在运用"假装很生气"的策略时，一定要分清情况，在对手提的条件太苛刻时才使用。如果对手开价，并不过分，那使用这一招就不合适了，并且不会得到自己想要的结果。在对手开价不是很过分时，假装很意外就可以了。

当我们的对手在谈判中表现得很生气时，我们要冷静下来，理智地分析自己提出的条件是否苛刻。如果我们提出的条件并不苛刻，那就千万不要被对方的虚张声势影响，主动作出让步。而应该选择休会，让对方冷静下来，或干脆选择拖延战术，向对方施压。

7.2 假象术：故布疑阵，干扰对手判断

去商场买东西的时候，销售员经常会告诉我们："这款裙子是今年最流行的，卖得特别好，现在只剩下两件了！如果今天不买，明天说不定就没货了！""这套化妆品卖得特别火，昨天就卖出了30套！你看，这里有昨天的销售记录！"这种看似是常规的推销，其实是谈判学上常用的一个手段——假象术。

所谓假象术，也叫故布疑阵战术，指的是谈判中一方利用向另一方泄露虚假信息的手段，引诱对方步入迷阵，无法掌握正确的信息作出准确的判断，最后实现谋利的一种手段。比如，故意在谈判场合或走廊上遗失备忘录，留下便条或文件夹，或者把这些重要物件遗落在容易找到的纸篓里。有时候还让第三者配合，打来虚假电话。

赵先生是一位建筑承包商，他的经营方式就是通过竞标的方式得到大型建筑项目的承包权。然后，再把这个项目其中的大部分工程转包给其他小的承包商或建筑商。当然，在转包的过程中，他会千方百计地压低价格，以保证自己的获利空间尽可能大。

赵先生把工程转包出去采取的是招标的方式。有意思的是，每当有投标者来拜访他时，都会在无意中发现他的办公桌旁边的地上有一张手写的竞价单。对于这一“意外发现”，每一位投标者都暗自庆幸。从这张竞价单上，投标者清楚明白地知道：只要出价比竞价单上的价格更低，就很有可能中标。

然而，他们却不知道，这张竞价单是一个“烟雾弹”，是赵先生故意放在那里，干扰投标者作出判断和决策的。赵先生借故去洗手间或接个重要电话，故意走出办公室，让那些竞标者有机会获得“意外发现”。

结果，每次投标者都“自觉”地按照赵先生的意图行事。最后，赵先生自然每次都会得到一个非常不错的转包价格。

人都有这样的心理：觉得通过间接途径或偶然机会得到的消息，比直接从对方口中得到的信息更可信，更有价值。所以说，假象术是谈判中颇为有效的策略，能够帮我们在说服不了对手、打不开谈判局面时，迂回地达成谈判目标。

那么，关于假象术的运用，我们需要注意什么呢？

（1）熟悉假象术的八种常见做法

假象术的常见做法有以下几种，熟悉它们既能方便自己在谈判中灵活使用，又能帮助我们识别谈判对手的假象术，以便做好应对。

1）面对谈判对手的提问，故意答非所问，假装糊涂。

2）把“重要资料”遗落在某个容易被对手发现的角落，满足对手的窥探欲。

3）把一些琐碎的、不重要的资料提供给对手，使之成为对方的负担。

4）将本来可以简单化的问题故意复杂化，把水搅浑，干扰对手的视线。

5）巧妙利用休会暂停谈判，然后又节外生枝，另辟战场，以分散对方的精力。

6）突然改变谈判日程，或突然提出一项新建议，让对手毫无准备，措手不及。

7）提出某些含混不清又不太重要的问题，反复讨论，让对手误以为己方很重视这些问题。

8）借口资料丢失，然后单凭记忆把丢失的资料汇集起来，从而偷梁换柱，变更重要数据或其他协议内容。

以上八种做法，都能够达到干扰对手、打乱对方阵脚的目的。但要注意的是，有些做法（如第八种）最好别用，否则，事后对手感觉受到了欺骗和耍弄，就不会再有合作的机会了。

（2）给对方创造获取机密的条件

要想用假象术达成自己的谈判目标，最重要的一点是，要让一切看起来都合乎情理。

怎样把机密泄露给对方呢？

你必须给对方创造获取机密的条件。你可以把资料“遗落”在走廊上、办公桌上，或扔在谈判场合的垃圾桶边上。记住，一定要让对方容易发现。如果藏得太隐蔽，对手发现不了，那也无法达到假象术的目的。

为了让对方有充裕的时间查看你泄露的资料，你应该借故离开现场。这样，对手就更容易相信。

（3）学会破解对手的假象术

在谈判中，你知道用假象术来达到谈判目的，对手也会。因此，在我们使用假象术的同时，也要擦亮眼睛，保持警觉，识别并破解对手的假象术。

怎样做呢？

1）认真搜集和准备充足的谈判资料，以便在对方使用假象术时，做到以不变应万变，从而避免落入对手设下的圈套。

2）委婉暗示对方你已经识破其假象术，然后借故发难，向对方施压，让对方知道你不是好欺骗的。

3）在谈判中，直接指出对手出错的地方是不合道德的，是不利于双方今后合作的。比如，对手借故资料丢失，然后单凭记忆汇集资料，故意变更重要数据。这种情况一旦被我们发现，就要严厉斥责，强硬施压。

最后，我想提醒大家的是：假象术本质上是一种欺骗策略，如果你本着与对手长远合作的目的去谈判，或者对手已经表现出足够的合作诚意时，就不要使用这一招。否则，很容易伤害对手，引起对手的不满，不利于最终合作的达成。

7.3 拖延术：你急我不急，以不变应万变

在谈判中，争分夺秒，快速搞定一场谈判，自有它的好处。但有时候拖延时间，故意拖慢谈判进程，推迟交易的达成，也有它的妙处。比如，当我们处于主动的一方，拥有更大的选择余地时，或了解到对方遇到某种不利的情况时，可以选择拖延术来向对手施压，迫使对手作出令我们满意的让步，以保证己方的利益。

深圳有一家合成剂生产公司，其产品多年以来都很畅销，但是2008年受金融危机的影响，销售很不景气。看着产品的库存量每天都在变大，公司老板心急如焚。但老板是个精明人，他要求公司全体人员不得泄露“产品滞销”的消息。

欧洲一位大客户求购合成剂，联系到了深圳这家公司。双方在商定的时间内面谈，面谈地点选在该公司。

谈判初期，客户没有察觉出异常，仍以为该公司产品供不应求。所以，抱定必买其产品的心情赴会。

谈判期间，客户去了趟洗手间，无意间听到两名清洁工在抱怨近三个月工资不能及时发放，想辞职不干了。客户顿生疑团，决定

拖延谈判，抽时间调查该公司的经营情况。

客户把原定两天的谈判时间，延长为一个星期，提出的条件也变得苛刻起来。

起初，合成剂公司的主管者不为所动，心想：反正你远道而来，还怕你跑了不成？

但客户通过调查，得知该公司产品严重滞销，又将一个星期的谈判时间延长为两个星期。

这期间，客户或是观光，或是旅游，完全不关心谈判事宜。

最后，合成剂公司的主管者坐不住了，答应了客户的条件——以原价50%的低价大批量出售产品。

在这个案例中，欧洲客户抓住了合成剂公司产品滞销的困境，狠狠地敲了一笔。

谈判中的拖延术，形式多种多样。比如，临时改变谈判时间，打破对方原有计划，让对方焦急不安；故意在每一个问题上都纠缠不休，甚至吹毛求疵，以拖慢整个谈判的进程；在谈判即将进入休会时，突然提出一个重要问题进行讨论，使对方措手不及；在重要问题上说要请示上级，消磨对方的耐心。

拖延的手段如此之多，目的也不尽相同。通常而言，拖延术的目的有四个，如图7–2所示。

图 7-2 拖延术的四个目的

（1）扫除谈判障碍

这是使用拖延战术较为常见的一个目的。当对方态度强硬，怎么谈都谈不拢时，我们可以主动拖延，以放慢谈判节奏，看看阻力到底源于什么地方，以便想办法扫除谈判的障碍。

D. 柯尔比是美国ITT公司的著名谈判专家，他经历过这样一次谈判：

柯尔比代表ITT公司与S公司的谈判已接近尾声，可是对方的态度却突然强硬起来，对已经达成的协议横加指责，提出种种不合理的要求。柯尔比感到很反常，因为对方的谈判代表并不是那种蛮不讲理的人，而且协议对双方都有利……为什么对方突然发难呢？

柯尔比理智地建议谈判延期，然后从多方面搜集信息，终于搞清楚了对方发难的原因。

原来，对方认为ITT占的便宜太多了，虽然当时接受了ITT的报价，但回去想了想觉得很不公平，心理很不平衡。

双方重启谈判。柯尔比向对方做了一番比价算价，让对方知道ITT公司的利润其实和他们是大致相同的。最终，双方顺利签了合同。

在谈判中，这种隐性的障碍还有很多，对付它们颇为有效的办法就是拖延战术。

但要注意的是，这种拖延不是消极被动地等待，而是通过“拖”争取搜集情报、分析问题的时间，为最终打开局面做准备。如果消极等待，结果只能是失败。

（2）消磨对手意志

谈判不仅是双方智慧的较量，还是心理的较量，更是对双方意志力的考验。如果一方采取拖延战术，突然中止谈判，不积极答复另一方，这比谈判过程中激烈争执更让另一方感到煎熬。

20世纪80年代末，美国硅谷一家电子公司开发出一种新型的集成电器，不过公司也为此负债累累。

欧洲一家公司独具慧眼，主动联系上这家电子公司，派出三名代表前往美国洽谈合作。

可惜美国这家电子公司刚燃起来的希望又被浇了一盆冷水，因为对方开价只有新型集成电器研发费用的三分之二。双方谈判不到三分钟，电子公司的代表就站起来说：“先生们，今天到此为止吧！”

没想到，到了下午，欧洲公司的谈判代表主动要求重启谈判，态度也明显好转，合作的诚意十足。结果，双方顺利以一个美方电子公司比较满意的价格签订了合作协议。

在这个例子中，电子公司的代表主动中止谈判，以施压于欧洲谈判代表。这也是拖延战术的常见策略之一。

但要注意的是，通过拖延来向对手施加压力，切不可施压太大，否则，可能逼走对手，让谈判失去转身的空间。

（3）显得精明强干

在谈判中，有些人会利用拖延术来讨价还价。他们先是对商品横挑鼻子竖挑眼，接着又提出一大堆问题和要求。这些问题有些是真实的，属于商品自身存在的不足。有些只是他们夸大其词、虚张声势。他们之所以这样做，有时候是为了表明自己是精明强干的，是不会轻易受到欺骗的。

如果你的对手出现了这种情况，你可以表明诚意，“您放心，我们的产品是没有问题的。不信您可以先拿几件样品回去试用。觉得产品好，我们再来洽谈合作！”“您放心，我们的产品价格绝对是公道的，不信您可以先去做一番市场调查，看看同行给的价格是多少。”

（4）等待最佳时机

在谈判期间，我们还可以利用拖延战术，静静等待有利于我们的谈判时机。比如，通过拖延时间，等待市场行情、汇率、政策等变化，然后借此向对手施压，要求对手作出更大的让步。

如果对方恶意拖延，想等待有利于他们的行情，我们以其人之道还治其人之身。对方不是拖延吗？我们也可以拖延。有利于对方的行情出现了，对方要求谈判，我们不回应，继续等待有利于我们的行情出现。通过这种方式向对方施压，迫使其让步。

7.4 蚕食术：不断让对方满足你的“小要求”

所谓蚕食术，指的是在谈判过程中，先争取对方作出小的让步，再争取其作出大一点的让步。

蚕食术可以应用于谈判的各个环节，即便谈判已经结束，合同都签订完毕了，还可以请求对方满足你一些小小的要求。比如，要求对方给你一些小礼物、赠品。由于合同已经谈好，对方一般会从大局考虑，满足你这些小要求。

蚕食术与社会心理学中的“登门槛效应”如出一辙。社会心理学家做过一个实验：

第一步：先到各家各户向家庭主妇们提出一个小的要求，请她们支持“安全委员会”的工作——在一份呼吁安全驾驶的请愿书上签名。

第二步：两周后，实验者重新找上门，问这些家庭主妇可不可以在他们的前院立一块大告示牌，上面写着“谨慎驾驶”。

实验的结果表明，之前在请愿书上签过名的大部分人（55%以上）都同意在自家的院子里立告示牌。

社会心理学家又在另外一个小区做了同样的实验。他们一开始就向家庭主妇们提出要求：在她们家的院子里立一块交通告示牌。

结果，同意这一请求的人不足17%。

通过这个实验，社会心理学家得出一个结论：请求别人帮忙时，如果一开始就提出高要求，很容易吃闭门羹；如果先提出较小的要求，征得别人同意后，再适时提出更高的要求，则容易成功。这种现象被称为“登门槛效应”。

登门槛效应之所以发生，主要是基于人们这样一种心理：接受了别人的一个小要求后，为了保持形象一致，还会继续接受别人提出的“增加”要求。这也是蚕食术在谈判中能够发挥作用的重要原因，即别人觉得作出了一点让步，已经给你留下了一个好印象，再作出点让步也无所谓。

乔治去一家大型百货公司应聘销售员。总经理让他先工作一天，根据他的表现，决定是否录用。

这天快要下班时，总经理问乔治做了几单生意，乔治说：“只有一单。”

要知道，再不济的新人，一天也不至于只做一单生意。本来总经理打算让他走人的，但还是顺嘴问了一句：“你这单生意的销售额是多少？”

“40万美元。”乔治答道。

听到这里，总经理半天没缓过神来，因为即便是公司最优秀的销售员，一天的销售额也难以超过5万美元，况且，这是一单生意的销售额。

“40万美元！你怎么做到的？”总经理忙问。

乔治说：“有位先生说要买鱼钩，但他说自己是个新手，不确定选择什么样的鱼钩。正好我经常钓鱼，多少了解这方面的知识，便向他推荐了几款。在沟通中我了解到，他是一家上市公司的老总，空闲时间非常多，对钓鱼的热情很高，于是，我又推荐他一些钓鱼的工具。随后，我又建议他各买一套大、中、小号鱼钩和鱼线，因为这样就可以在不同的环境中感受不同的垂钓乐趣了。

“后来，我问他最希望去哪里钓鱼，他说去海边。于是，我建议他买一条小船，并带他到咱们卖船的分公司，结果他选了一艘有两个发动机的帆船。”

听到这里，总经理简直不敢相信自己的耳朵：“真没想到！只想买两个鱼钩的顾客，居然被你一步步说服买了那么多产品！”

乔治笑着说：“不，其实最开始，他来渔具区只是随便看看，问我今天天气怎么样，我说今天天气很适合钓鱼。于是我们就聊到了钓鱼。后面他的需求是我一步步挖掘的。”

通过这个例子，我们不难发现：谈判中，只要善于挖掘，一点点引导，一点点蚕食，就能步步为营，达到我们最终的谈判目标，甚至能够超预期实现谈判目标。

那么，在运用蚕食术进行谈判时，要注意什么问题呢？

（1）确保第一个小要求对方会答应

在运用蚕食术进行谈判时，我们必须确保第一个小要求对方会答应。那么怎样才能确保对方答应呢？很简单，这个要求的难度要小，而且对方完全有能力满足。只有当对方第一次答应了我们，蚕食术才可能发挥作用。

王太太是一家美容院的老板娘，这天，一位美妆企业的推销员登门拜访。

推销员性格外向开朗，在相互接触中，王太太对她有不错的印象。推销员提出给王太太留下几套美妆试用产品，请她放在店里给顾客用，顺便帮忙宣传一下。这点小要求王太太自然不会拒绝。

一个星期后，那名推销员再次登门拜访，说是了解一下顾客使用后的反馈信息。在听完王太太的反馈后，推销员向王太太道谢，祝她生意兴隆。临走时，推销员提议王太太订购一些产品，放在店里出售。王太太同意了。

后来又经过几次电话沟通，那名推销员成功说服王太太成为美妆企业公司的产品经销商。

如果销售员第一次跟王太太接触就提出一个难度较大的要求：“做我们公司的产品代理商吧！”王太太无疑会拒绝。一是因为这个要求太高，二是她对推销员积极推荐的产品不了解，容易带着防卫心理。所以，使用蚕食术不能急于求成，一定要保证最开始提的要求难度小，对方很容易答应。

（2）后续请求不能急，要循序渐进

在提出第一个小要求后，有些人可能会急着提出第二个、第三个要求。这样做，很容易激起对方的警惕心，引起对方的反感。因此，应该循序渐进地提出第二个、第三个要求。

（3）事不过三，让步也是有限度的

登门槛效应能够奏效，并不是说我们可以无休止地向别人提出要求。应该恪守“事不过三”原则，切勿再第四次、第五次要求对方让步，除非你能挖掘出对方新的需求点，给对方新的满足方案，否则，就容易给对方留下“得寸进尺”的不良印象，这对整个谈判的进展是不利的。

7.5 激将术：刺激对方的自尊心和好胜心

俗话说：请将不如激将。谈判时，如果从正面无法说服对手，不妨从反面刺激对手。这样往往能使对手在自尊心和好胜心的作用下，一改往常理智的思维模式，在感性思维的左右下，作出有利于我们的谈判决策。在这方面，乔布斯堪称高手。

1981年，历经最初五年的辉煌发展后，苹果公司遭到了IBM的巨大挑战。当年8月，IBM推出了个人电脑PC（Personal Computer），仅用两年时间，PC的销售额就超过了苹果。

为了应对IBM的挑战，苹果公司创始人史蒂夫·乔布斯决定招贤纳士。他向百事可乐总裁约翰·斯卡利发出邀请，请他担任苹果公司的CEO。可谈了几次，约翰·斯卡利并没有动心。最后，乔布斯采用了激将法，他对约翰·斯卡利说："如果你留在百事可乐，五年后你只不过多卖了一些糖水给小孩，但到苹果，你可以改变整个世界。"

正是这句激将话，深深触动了约翰·斯卡利。很快，约翰·斯卡利接受了邀请，加盟苹果公司，出任CEO。

“五年后你只不过多卖了一些糖水给小孩！”这句话极富刺激性，一下子激起了约翰·斯卡利“干大事，创大业，改变世界”的欲望。

有时候，你好言好语相劝，对手不一定当回事，可如果你说些刺激其自尊心的话，对方往往很容易中招。在谈判中，用好激将术可以轻松瓦解对手的心理防线，让谈判朝着你主导的方向发展。

有家橡胶厂高价从国外进口了一整套现代化的皮鞋生产设备，无奈工厂经营不善，销售量锐减，生产量大降，根本没有这套设备的用武之地。这台设备买回来后闲置了一年多。最终，厂长决定把这套设备转卖给一家制鞋厂。

谈判前，厂长对这家制鞋厂做了一番了解，得知该制鞋厂经济实力雄厚，而且厂长是一位年轻气盛的“富二代”，不久前才从美国留学回来。了解到这些信息后，两位厂长开始面谈。

橡胶厂厂长：上午我在贵厂的厂区、车间参观了一圈，通过随行的车间主任讲解，初步了解了贵厂的情况。不得不说，你们厂的管理水平确实在国内属于一流。你这个从国外回来的高才生，真的很有管理智慧，对此我深表佩服！”

制鞋厂厂长：“您过奖了，目前我对工厂的管理还处于摸索阶段。如果有什么不足之处，还请多多指教啊！”

橡胶厂厂长：“我这个人，向来不喜欢奉承别人，但刚才说的那番话，确实是我的真实感受。从短期来看，贵厂的发展应该没什么大问题，但从长远来看，若想走向全国，估计还有很长的路要走。”

制鞋厂厂长：“请详细说明，您有什么高见？”

橡胶厂厂长：“从长远来看，你们要想走向全国，首先得保证鞋子的质量和销量吧？可目前你们公司的那套生产设备，真的落后了。我要转卖的生产设备倒是目前世界上最先进的，不过只怕你们买来，也没有技术实力操作。毕竟这台设备的操作、维护是需要专业人才的。”

制鞋厂厂长表情极为不悦。随后，他以一种炫耀的口吻向橡胶厂厂长介绍了公司的技术实力，然后毫不犹豫地签订了购买协议。

案例中，橡胶厂厂长提前获知制鞋厂厂长的性格，成功运用了激将术做成了一笔生意。可见，激将术用对了，能取得事半功倍的效果。

不过，激将术是一种冒险的谈判策略，如果没有用好，很可能适得其反，导致原本有可能达成的谈判以失败告终。因此，在使用激将术时，要注意以下几个问题。

（1）摸清对方的性格、脾气

激将术并不是对所有人都管用，也不是对谁都可以用。通常情况下，激将术主要用来对付两类人：一类是初出茅庐的“新人”；另一类是经历丰富、自视甚高的“老者”。这两类人有个共同特点，那就是自尊心强、好胜心旺。

另外，有些人性格急躁、直爽，习惯于听好话，不喜欢听负面的话。对这类人也可以采用激将术。而对于那些性格外向，自尊心、好胜心不强，或心思细腻、沉稳老道的人，则不宜使用激将术。

（2）激将内容要与谈判有关

使用激将术时，必须坚持一条原则——不拿对方的隐私、生理缺陷、人格等作为激怒的话题。激怒对方的话题要与谈判涉及的话题有关，比如，“你有决定权吗？”“你有那么多钱一次性购买这么多产品吗？”这些话语往往很容易挑战对方的自尊心和好胜心，从而推动谈判的进展。

（3）运用激将术要掌握分寸

过犹不及，对他人实施激将法也是如此。言辞过于尖锐，容易惹恼对方，适得其反。

谢灵顿年幼时父母双亡，成了孤儿，沾染了很多恶习。后来被人收养。

谢灵顿不学无术，周围的人都说他成不了才。后来，他对一个挤奶女工产生了好感，冒冒失失地前去求婚。没想到女工却对他说：“我宁愿跳到泰晤士河里淹死，也不嫁给你。”

谢灵顿像被打了一个响亮的耳光，猛地觉醒了。从此，他戒除恶习，发愤读书，终于成为英国著名的生理学家，在神经系统生理学方面作出了巨大的贡献，并获得了诺贝尔医学奖。后来，他还同时担任伦敦大学、牛津大学和利物浦大学的教授。

谢灵顿的成功，还要感谢挤奶女工很有分寸的言语刺激。当时的谢灵顿是个不学无术、恶习满身的人。不痛不痒的拒绝，对他来说很可能没有效果。而女工那句“我宁愿跳到泰晤士河里淹死，也不嫁给你”，就恰到好处地表明了决心，也恰到好处地刺激了谢灵顿，促使他从混沌度日中觉醒。

（4）把握激将术的运用时机

在运用激将术时，如果过早激将，没什么效果；如果激将晚了，又会变成“马后炮”。所以说，在谈判中只有把握好时机，在关键时刻一语中的，才能促使谈判目标达成。一般来说，在对方了解了你的意思，了解了你的产品，并产生了与你成交的想法，只是在下决心时犹豫不决了，这个时候用激将法最管用。

比如，一位女士在挑选一套化妆品时，对某个牌子的化妆品较为中意，但可能觉得价钱贵了，有点舍不得，显得犹豫不决。这时，销售人员可以适时说一句：“如果你做不了主，可以打电话跟你丈夫商量一下。”听到这句话，女士很可能会说：“不用跟他商量！给我装起来，我要了。”

7.6 讲故事术：用故事把对手带入你设置的情境

在心理学上，有一个很重要的理论：故事更容易影响他人。例如，演讲者说："去年我去美国西雅图出差的时候，曾发生这样一件事……"这个时候，台下观众的注意力被演讲者带入那个故事的情境中，会变得聚精会神。

在谈判中，我们也可以用故事把对手带入设置的情境。因为一个触动人心的真实故事，比苍白无力的说教有效得多。

那么，对于谈判中所用的故事有哪些要求呢？

（1）故事一定要真实

真实的故事最具吸引力，最能打动人。而要保证故事的真实性，要么讲发生在我们自己身上的故事，通过现身说法，设置有感染力的情境；要么讲自己目睹的，发生在别人身上的事情；要么讲从媒体上知晓的新闻报道。

（2）故事要与谈判有关

所讲的故事，要与所谈论的主题有关，要能够让人透过故事引发思考，继而改变认知和态度。这样的故事，才是有效的故事，才能实现有效的说服，实现谈判目标。

张先生是一位英语培训老师，曾经遇到这样一名学员。那名学员通过各方渠道打听到张先生，希望可以来上后者的培训课。但是张先生是个原则性很强的人，他告诉对方：“这期培训班的报名人数已满，等下期再报名吧。”

可结果，那名学员通过讲故事说服了张先生，进入了培训班。

那名学员对张先生说：

“张老师，我今年已经50岁了，这一大把年纪还要学习英语是有原因的。我的丈夫几年前得癌症去世了，我儿子常年住在美国，有时候几年都不回来，我孤身一人在家，十分想念儿子。儿子也想念我，多次说要接我去美国享福。可我不会英语，去了那边只能给他添麻烦。所以，一直没有答应。去年我孙子出生了，我想去照顾孙子，所以，我决定学习英语。我早一天学习英语，就能早一天看到我儿子和孙子……”

这名学员之所以说服了张先生，是因为她的故事跟学习英语密切相关。反之，如果她说一个跟学习英语无关的悲情故事，那很可能只是得到张先生的同情，但改变不了他招收学员的原则。

（3）故事不宜太长

人的耐心都是有限度的，尤其是在倾听的时候。如果你所讲的故事很长，对方的注意力很难长时间集中。最后，故事就难以发挥影响力。因此，在说服他人，尤其是在谈判场上，所讲的故事不宜太长，最好能在一两分钟内讲完。

陈医生有个朋友，特别喜欢抽烟喝酒，而且不听家人的劝说。

有一次，这位朋友被检查出得了肺病。陈医生作为主治医师，也作为朋友，千叮咛万嘱咐："赶紧把烟酒戒了吧！治疗期间，千万别喝酒、抽烟了。"朋友嘴上答应，实际上不听。后来，陈医生跟朋友讲了一个故事：

"三年前，我接诊过一位和你病情差不多的患者，他的精神状态当时还挺好，只要认真治疗，肺病完全可以治愈。我劝他不要喝酒、抽烟，他不当回事。三年后，当我再次见到他时，他告诉我，他刚做完左肺切除手术，还患了肝癌……"

朋友听了这话，一下子惊醒了。回家就把烟、酒处理了。

陈医生通过简短的故事，三言两语就把喝酒、抽烟的危害讲明白了。结果，很轻松就打动了朋友。

7.7 红白脸术：软硬兼施，瓦解对手心理防线

在中国传统戏剧中有“红脸”“白脸”之说。“红脸”代表忠臣、好人，“白脸”代表奸臣、坏人。随着时间的推移，“红脸”“白脸”的含义也有所变化。很多时候，“红脸”代表在做一件事时说好话的人，“白脸”代表在做一件事时说坏话的人。

在谈判中，红白脸术更是一种瓦解对手心理防线、说服对手的重要策略。运用红白脸术需要两个人配合，首先出现的是“白脸”，他施加压力，目的在于激起对方的畏惧感，让对方产生“这个人不好惹”“碰到这种人算是倒了八辈子霉”的反应。这样可以削弱对方的气势，降低对方的优越感，或迫使对方暴露弱点，或故意把谈判推向分歧和僵局之中，让气氛变得紧张。

眼看谈判进行不下去了，“红脸”便闪亮登场。他扮演着“和平天使”或“和事佬”的角色，会使对方产生“总算松了一口气”的感觉。在谈判双方意见分歧较大，陷入僵局时，如果对方具有谈判诚意，那么“红脸”的出现如同“救火队”，马上会让对方看到谈判的希望。

那么，在使用红白脸术时，需要注意什么呢？

（1）红白脸可以不同时出现

在谈判中，扮演“红脸”和“白脸”的两人可以同时出现于谈判场合，也可以不同时出现于谈判场合，而是一先一后出现。

一次，亿万富翁休斯想购买34架飞机，其中的11架飞机更是非要买到手不可。刚开始时，休斯亲自与飞机制造厂商洽谈。由于休斯在谈判中表现得傲慢无礼，双方怎么谈也谈不拢。最后，休斯勃然大怒，愤愤而去。

不过，休斯并不打算放弃，他找来一位代理人，让他出面继续跟飞机制造厂商洽谈。休斯告诉代理人，只要能买到他最中意的那11架飞机，他就很满意了。没想到，代理人很快就以比较理想的价格把34架飞机全部买到手了。

休斯非常佩服代理人的本事，问他是怎么取得谈判胜利的。代理人说：“我的办法很简单，那就是每次谈判陷入僵局时，我就问他们到底是希望和我谈呢，还是希望再请您本人出面来谈。经过我这么一问，对方马上表示跟我谈比较好。最后，他们接受了我开出的条件。”

在这里，代理人用的就是红白脸术的谈判策略。休斯扮演“白脸”，他扮演“红脸”，两人一前一后，无形之中实现了默契的配合。于是，生意就谈成了。

（2）“白脸”可以是虚拟的

在使用红白脸术时，如果你找不到“白脸”来配合你，那么你不妨虚拟一个“白脸”。关于这一策略，狄更斯在他的小说《远大前程》里就有一个经典的例子。

主人公皮普正在干活，一个躲在不远处坟地里的逃犯窜了出来。他想让皮普回到村子给他弄些食物和打开脚镣的工具，但他陷入了两难：既要让皮普感到害怕，这样皮普才会照做，但又不能让皮普过于害怕，否则他可能会报警。怎样才能达到这种目的呢？逃犯想了一个办法——红白脸术。

逃犯对皮普说："你知道我对你并没有恶意，甚至还有点喜欢你，所以我是绝不会伤害你的。但是，我必须告诉你一个事实——那片树林后面还藏着一个我的同伴，他现在正在盯着我们呢。他的脾气非常暴躁，又很残忍，而且只听我一个人的话。如果你胆敢要什么花招，他会要了你的命！"

在这个案例中，逃犯虚拟了一个"白脸"同伴。通过对这个虚拟的"白脸"同伴的描述，给皮普施加了压力，让皮普乖乖听话。这就告诉我们，如果谈判陷入僵局，而我们又没有"白脸"同伴的配合，不妨虚拟一个"白脸"同伴来帮忙。

（3）"白脸"威胁要适度

红白脸术听起来简单，但操作起来并不容易，需要掌握一定的技巧。很重要的一点是，唱"白脸"的人在发出威胁、施加压力时，要把握好一个度，不能把话说得太狠、太绝。否则，很可能会激起对方的反抗心理，甚至针锋相对到底。

为了让谈判效果达到最佳，"白脸"要注意以下几点：

1）态度要友善。即便是威胁对方，也不能人身攻击，恶意诋毁。

2）理由要充分。你可以责难对方，但前提是你要有责难对方的充分理由。

3）见机就退出。当你的威胁、施压已经奏效，对方明显厌烦你、抗拒你，不想和你谈判时，你就应该主动收手、退出，好让“红脸”登场。

最后，需要注意的是，我们既可以是红白脸术的使用者，也可能是红白脸术的使用对象。

如果你发现谈判桌对面坐着两个人，对方的言行一软一硬，或者对方虚拟了一个“白脸”同伴，你就要小心了。碰到这种情况，你可以直接说：“别跟我玩红白脸的游戏，我不吃这一套。”或者你不直接戳破对方的伎俩，但绝不让对方红白脸术得逞。

第8章

你的努力
不能输给最后5分钟

双方谈得差不多了，该达成一致的条件也基本达成了，眼看就要提笔签字了，可是……在这最后5分钟，对方突然犹豫了，或突然又提了个条件，要求你作出让步，这时你该怎么办呢？是妥协退让，还是施压成交？请记住：你不能输给最后5分钟！

8.1 欲擒故纵：越想成交，越要敢放手

《孙子兵法》中有一计叫“欲擒故纵”，意思是为了擒住对方，先故意放开，使其不加戒备，然后再一举歼灭。欲擒故纵也指追击敌人时，不要追得太急、过紧。因为追得太急、过紧，容易激起敌人与你殊死搏斗的勇气，这样会给我们造成不必要的伤害和损失。追击的目的，更多的是给敌人施压，瓦解敌人的斗志，待敌人士气沮丧、溃不成军时，再将其俘获，或一举歼灭。

在谈判中，我们也可以运用欲擒故纵的策略。

在买卖即将成交之前，适时地欲擒故纵，可以有效地施压于对方，迫使对方作出让步。比如，你想购买一套二手房，在看了房子之后，你和房主谈了价格、付款方式、房产证过户等问题，总体上你对房子表示满意。

就在房主以为你会爽快签约时，你却告诉他：“在看你家的房子之前，我还看了另外一套房子，那套房子比你家的房子保养得更好，价钱也更实惠。但你家的房子格局好一些。如果你能给我一个合理的价格，我更愿意选择跟你交易。”

房主说：“价格没办法给你再少了。”

你说："那我觉得很遗憾！你看看，我定金都带来了，只要给个合理的价格，我马上就付定金。"说这话的时候，你已经作出离开状——身体转了过去。

房主见状，很可能会说："你别急着走，价格我们再谈谈！"

接下来，你在和房主讨价还价过程中，就会拥有更多主动权。因为房主非常清楚，如果他的出价不能让你满意，你随时可能离开。为了早点卖出房子，房主可能会作出让步。当然，前提是让步后的价格不能超出房主出售房子的底线。

在谈判的收官阶段，欲擒故纵的策略往往十分奏效。因为它能给对手传达一种暗示——如果他不答应你的要求，谈判可能会破裂，之前的努力前功尽弃。在这种情况下，对手就会产生较大的心理压力，尤其当对手十分希望达成合作时，这一策略就更加奏效。

通常来说，欲擒故纵的策略有四种运用形式。如图8–1所示。

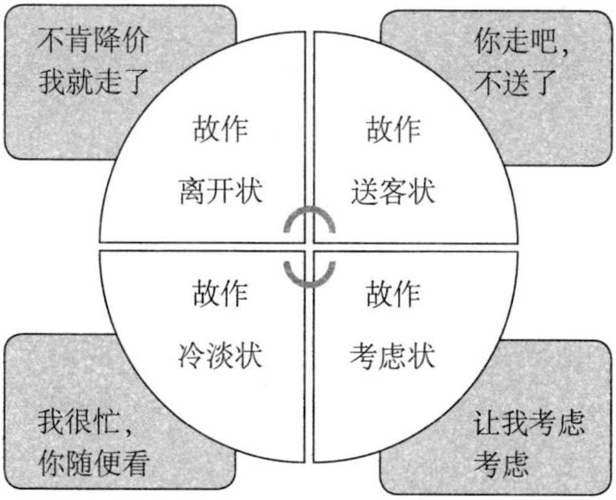

图 8–1　欲擒故纵的四种表现

（1）**故作离开状**

买东西的时候，顾客砍价，店家给顾客降了价。但顾客不满意，继续砍价，店家拒绝再降价。顾客马上说："不肯再少点，我就不买了！"说着就转身离开。这时店家往往会说："别走啊！你是不是诚心想买？如果诚心买，我给你再少点。"

在商务谈判中，我们也可以运用故作离开状来达到欲擒故纵的谈判目的。比如，谈判收官阶段，对方始终不肯让步，这时你可以说："我们都谈了这么半天，你还是不肯松口。我看没有必要再谈下去了，再谈下去也是浪费时间！"说着你就起身作离开状。

如果对方还有让步空间，并且想与你合作，这时他往往会挽留你，并作出妥协。如果你起身离开，对方并没有挽留，那可能说明对方真的没有让步空间了。如果你想成交，不妨给自己找个台阶下，折回去和对方成交。比如，"刚才我出去给领导打了个电话，领导说这个价格勉强也能接受。这不，我就回来了。签合同吧！"

（2）**故作送客状**

故作送客状，指的是在己方的主场谈判，当双方谈不拢时，故意作出恭送对方离开的样子，以向对方施压。比如，"你太没诚意了！一点都不肯让步，那我们没什么好谈的！我有事要忙，不送了！"

法国一家科研机构研发出一套技术先进的组合炉，英国某冶金公司想购买这套组合炉，以提高公司的冶金效率。于是，派人前往法国科研机构谈判。

谈判时，法方主谈代表出价300万元，英方主谈代表伸出两只手指，表明只愿出价200万元。

法方主谈代表解释道："我们这套组合炉是目前技术最先进、冶金效率最高的设备。为了研发这套设备，我们机构前后花了三年时间，投入了上千万元的经费。300万元的售价根本不高。你们可以对比市场上的同类设备，十多年前的冶金设备，售价也要200万元。你想以200万元购买我们这套设备，那是不可能的。"

英方主谈代表态度强硬，说："好吧，我们最多给你再加20万元，如果你们同意，我们马上签合同，合同一签，马上付款！"

法方主谈代表说："你们太没有诚意了，压价这么多！既然如此，没什么好谈的，你们走吧！"说完，就叫人来送客。

看着英方谈判团队离开，法方谈判队伍中有人抱怨："怎么能把客户送走呢？干吗不降点价呢？"

只见法方主谈代表微微一笑，说道："放心吧，他们会回来的。同样的组合炉设备，市场上至少卖250万元，我们这套最先进的设备卖300万元，一点都不贵，他们会买下的。"

果不其然，两天后英国代表打电话来，要求继续谈判。最终，他们以290万元的价格达成协议。

（3）故作考虑状

故作考虑状，指的是面对对手开出的条件，不立即答复，而是表示要好好考虑或回去和领导商量，故意拉长谈判周期，给对手制造压力。比如，"你开出的条件我会好好考虑的。考虑好了，再给你答复！"但一般情况下，使用这一策略的人，事后不会主动答复对方。如果对方耐不住性子，沉不住气，就会主动打电话过来询问："你考虑得怎么样了？"这时我们可以说："你们的条件超出了我们的接受范围，我们难以接受！”对方肯定会问：“哪些条件无法接受？我们可以再谈。”这样，我们就有了更多的谈判主动权。

（4）故作冷淡状

有句话叫：“没有对比，就没有伤害。”在谈判中，如果我们能同时邀请两位对手，一同出席谈判，并在谈判中有意厚此薄彼，就掌握了谈判的主动权。

运用以上四种欲擒故纵策略时，有必要注意以下几点：

1）欲擒故纵是有风险的，除非你拥有谈判优势，如价格优势、技术优势、产品质量优势、售后服务优势、公司实力优势、不缺少合作商，等等。如果你不具备优势，盲目使用这一策略，很容易失去客户，让自己陷入被动，甚至再也没有和对方谈判的机会。

2）既然是“故作”，就说明带有“演戏”成分。既然是演戏，就要演得像那么回事。比如，故作离开时，要有收拾东西、起身、转身、往外走等系列动作。切勿嘴里说离开，双脚却不动。

3）充分了解对手的信息，了解对手所面临的状况。如果对方在与我们谈判的同时，还积极与其他客户谈判，而且第三方客户开的条件比我们开的条件更有吸引力，那么我们就不能贸然采用欲擒故纵的策略了。不然，很容易把对方推向竞争对手的怀里。

4）永远都要让自己有其他的选择。在谈判中，最坏的情况就是你没有其他选择，没有退路，没有余地。如果你抱着“非它不可”的态度去谈判，就没办法使用欲擒故纵的策略了。明智的做法是，多接洽几位合作方，让自己有更多的选择余地。只有这样，你才不会在一棵树上吊死，才能在运用欲擒故纵策略时，保持从容淡定的姿态，从而真正取得效果。

8.2 直击软肋：在对手的弱点上下功夫

很多人都以为谈判高手都是口才流利、能言善道的人，其实不然，谈判高手之所以称为高手，是因为他们懂得直击对手软肋，在对手的弱点上下功夫。

有三个人，一个勇敢，一个胆量一般，一个胆小。

一天，有个人将这三人带到深沟边，对他们说："谁能跳过去，便称得上勇敢，否则，就是胆小鬼。"

话音未落，那个勇敢的人便一跃而过，另外两个则不敢跳。因为勇敢的人一向以胆小为耻，以勇敢为荣。

那人又说："谁能跳过去，我就给他两千元钱。"

这时，那个胆量一般的人鼓起勇气，深呼吸，纵身一跃，也跳了过去。因为这个胆量一般的人爱财，为了金钱，不惜冒险。

最后，那人牵来一条狗，让狗在身后狂叫，那个胆小的人见状，大叫一声，也跳了过去。原来，那个胆小的人小时候被狗咬过，见到狗叫就奔逃，翻墙、蹚水都不怕。

这个例子充分说明，想说服别人按照你的要求去做事，就必须找到他们的软肋，在他们的弱点上下功夫，或施加压力，或予以刺激。谈判也是这个道理。

在谈判中，你的话如同子弹，对方的软肋、弱点、需求，是唯一的目标靶。如果你瞄不准靶心，或根本没有看到靶子，尽管妙语连珠、说话像机关枪，也只是浪费子弹。

有时候，对手的软肋是感情。比如，特别在乎夫妻感情，特别爱护孩子，特别重视家庭。那么，我们通过在这些方面做文章，就可以轻松说服对方满足我们的要求。

拉塞尔是美国一家影视公司的老板，他手下有名技术专家叫里弗斯。此人脾气暴躁，谁不小心说错了一句话，他就会暴跳如雷，连老板拉塞尔说错了话也不例外。好在拉塞尔心胸宽广，不予计较。他知道，里弗斯工作能力突出，是公司不可或缺的人才。不过他也很想让里弗斯改掉臭脾气，处好同事关系。

一天，因为工作上的事情，里弗斯同技术小组的一名员工吵了起来，拍着桌子怒吼。拉塞尔上去劝说也没用。就在这时，里弗斯的女儿跟着妈妈突然来到办公室，女儿见父亲暴怒的样子，吓得当场大哭。里弗斯见状，急忙安慰女儿，刚才的怒火瞬间烟消云散。

拉塞尔看到这一幕，马上意识到宝贝女儿是里弗斯的软肋。于是，拉塞尔决定从里弗斯女儿身上做文章。他在公司附近给里弗斯一家租了套房子，让里弗斯和妻子、女儿生活在一起。里弗斯对拉塞尔的一片好心感到过意不去，始终不肯接受，但里弗斯的女儿却非常喜欢这套房子。最终，里弗斯接受了拉塞尔的好意。

随后，拉塞尔劝说里弗斯改改脾气，把同事关系处理好，这样大家都开心。里弗斯听从了拉塞尔的劝告，从此他在公司很少发脾气，专心带着科研小组，陆续给公司开发出了很多新产品，创造了巨大的效益。

有时候，对手的软肋是虚荣心和面子。比如，特别在意个人荣誉，在乎他人对自己的评价，在乎做一件事的成败。因此，在谈判中，我们可以适时地夸奖他的能力，肯定他的影响力，以便他能答应我们的条件。比如，一位男士看中了一套名牌西装，但总是嫌价格贵而迟迟不做决定。售货员看到这种情形，便微笑着说："先生，这可是名牌，自然会贵一些，但对您来说应该不算贵，一看您的这身打扮，就知道您是一位成功人士。像您这样有身份的人，只有这高档的西装才配得上啊！"那位男士听到这里，马上付款拿西装走人。

怎样找到对手的软肋和弱点呢?

（1）善于观察产品细节

在谈判的时候，往往要了解产品。如果客户带来了样品，我们可以仔细观察产品细节，尽可能地挑出毛病。生活中，这招经常被人们使用。比如，买东西的时候，会千方百计地挑毛病，以便为砍价找到名正言顺的理由。

"这套衣服款式过时了，一点也不好看，我最多出100块钱，卖不卖？不卖我就走了！"

"这双鞋子的颜色太土了！如果你不再降点价，我才不愿意买呢！"

你挑出来的“毛病”，最好是客观存在的毛病，这样才能让对方无可辩驳。当然，你也可以结合自己的需求，挑出一些算不上毛病的毛病，但也给对方一个合理的解释，让对方明白你确实不看好他的产品。

（2）让对方自己说缺点

在谈判中，当对方介绍其产品或服务时，你可以要求他客观地说明产品或服务的优点和缺点。对于优点，要予以肯定。同时，要引导对方说出缺点。例如，你可以说：“任何产品或服务都有不足之处，能够正视产品的缺点并加以改进，这才是卓越公司所为。”在你的鼓动下，对方很可能会坦承缺点。这样，在后面的谈判中，你就可以在关键时刻拿客户的缺点向其施加压力，让其作出让步，与你达成合作。

（3）煽风点火找出缺点

假设甲和乙是同行竞争对手，这次你和甲谈判，你可以随口说道：“不久前，听乙说你们的产品有很多缺点。”甲被激怒后，很可能将乙贬得一文不值，并将其产品的缺点说出来。而这些同行说出来的缺点，往往是真的，因为同行之间相互都比较了解。然后你把甲说的关于乙的缺点记下来，下次与乙谈判时，就可以用来向乙施压，迫使他作出让步。

如果你觉得这种获知缺点的手段有点不厚道，你也可以直接问甲：“你对乙的产品有何评价？听说他们的产品也不错啊！他们的产品与你的产品相比，有何优点与不足呢？”在这种情况下，甲往往更容易理智地说出乙的优点和缺点。

8.3 澄清利害：让对手在利害之间抉择

《孙子兵法》中说：智者之虑，必杂于利害。这说明智者分析事物，总要考虑其利害。事实上，趋利避害是人性。因此，在谈判中，我们可以通过向对方澄清利害关系，引导对方作出有利于他自己，也有利于我们的抉择，促使谈判目标的达成。

春秋末年，齐国发兵进攻鲁国。齐强鲁弱，形势危急。当时子贡在鲁国为相，他主动请缨，游说齐国。

来到齐国后，子贡见到了齐国大臣田常，知道他蓄谋篡位，想借齐鲁之战铲除异己。于是，子贡劝田常道："你应该攻打强大的吴国，而不该攻打弱小的鲁国。这样才能制造更大的声势，达到自己的目的。"

田常觉得子贡的话很有道理，但齐国已经放出消息并做好了进攻鲁国的准备，实在找不到借口转而进攻吴国。子贡说："这个没关系，我可以前往吴国，说服吴王夫差救鲁攻齐，这样你不就有了进攻吴国的理由吗？"

田常痛快地答应了。

子贡来到吴国，对吴王夫差说：“大王，如果齐国攻下鲁国，势力必然大大增强，总有一天会来进攻吴国，到时候你可就麻烦了。我认为你应该先下手为强，现在就联手鲁国攻打齐国，这样吴国就可以成就一番霸业了。”

夫差觉得子贡的建议很好，但是他担心去攻打齐国时，死对头越国在背后“下黑手”，所以有些犹豫。子贡说：“放心吧，这件事交给我，我保证越国不会在背后对吴国下黑手。”

子贡又来到越国，说服越王随吴国一起进攻齐国，这样就解除了夫差的后顾之忧。

子贡又想：吴国战胜齐国之后，一定会要挟鲁国，鲁国到时候还会有麻烦。于是，他又来到晋国，向晋定公讲明利害关系，劝他赶紧备战，以防吴国壮大之后来犯。

晋定公本来不相信，但听完子贡的一番分析，惊出一身冷汗，心想：是啊，如果吴国战胜了齐国，国力大增，夫差又是个野心勃勃的君主，到时候肯定会来攻打晋国。于是，便下令举国进入备战状态，随时防备吴国来犯。

后来，齐国和吴国开战，越国和鲁国也派兵参战。齐国大败，只得求和。夫差趁胜利之势，移兵攻打晋国，但被早有准备的晋国战败。就此，吴国也没有实力要挟鲁国了。

子贡在游说各国的过程中，充分展现了自己高超的谈判水平。他抓住了各国不同的需求和心理，利用他们之间的矛盾，有区别地对待，同时讲明利害关系，引导各国作出了对鲁国有利的决策，最终成功解救了鲁国。

在现代商务谈判和日常人际沟通中，要想说服别人，也需要具备子贡这种澄清利害的能力。尤其是当对方犹豫不决时，更应该适时讲明利害关系，引导对方作出有利于双方的决定。

某客户准备为自己的饭店进购一批桌椅，于是，他和家具公司的代表谈判。经过十多分钟的沟通和体验，客户对家具公司的桌椅还是比较满意的，但嫌桌椅的尺寸小了，表示桌椅的价格高了。

客户：我昨天在另一家家具店看的一款桌椅，比你这款大很多，价格也就略贵50元。如果你们的每套桌椅再降价100元，我也就不在乎你们桌椅的尺寸了。

销售员：先生，请问您的饭店有多少平方米？

客户：我的饭店不大，大概30平方米吧！

销售方：您说得没错，30平方米的饭店摆放我们这个尺寸的桌椅刚好合适。如果摆放您刚才说的那个尺寸的桌椅，虽然也能勉强摆下去，但是没什么剩余空间了，过道会很拥挤。您想一想：在客流高峰期，顾客挤来挤去，场面多么混乱不堪！服务行业都很重视客户的体验，相信您希望客户来到店里，获得更好的体验吧？

客户：你说得有道理，那我还是买你这款小一点的桌椅吧。

在这个案例中，销售员通过向客户说明大尺寸的桌椅和小尺寸的桌椅的好处和坏处，引导客户作出了有利于双方的购买决定。由此可见，澄清利害在谈判中可以发挥重要的作用。

需要注意的是，在澄清利害时，要把握两个原则。

（1）如果对方可以被说服，就用好处来打动他

在谈判中，我们应该先用好处来打动对方。古话说得好：天下熙熙皆为利来，天下攘攘皆为利往。有利可图的事情，总能引起别人的兴趣，激起别人的欲望。因此，在谈判说服的过程中，我们可以先向对方说明好处。

从服务行业的角度来说，谈判不是谈条件，而是谈有利于双方解决问题的方案。比如，销售员向客户推销空调时，可以说："我们这款空调可以帮你轻松地度过炎炎夏日。有了这款空调，再也不用担心热得睡不着了。"

（2）如果对方难以被说服，就用坏处来吓唬他

当你跟对方讲"这么做"的好处，对方无动于衷时，那就改变策略，给对方讲"不这么做"的坏处，让对方明白可能性的后果。人都害怕危险、风险，只要你把坏处和后果说清楚、讲明白，又能让他觉得你是为他好，他就很容易被说服。

战国时期，有个博学善辩之士叫蔡泽。他找到秦国丞相范雎，劝他退位，交出相印。起初，范雎对他厌恶至极，根本不听他的。可是蔡泽每次见到范雎时，一如既往地推心置腹地劝说他，还跟他讲了许多古代名臣由于不能审时度势，及时让位隐退，最后招致杀身之祸的例子。后来，范雎消除了对蔡泽的误解和抵触情绪，心甘情愿地交出了相印。随后，经范雎推荐，蔡泽被秦昭王任为相。

在谈判或说服他人时，如果能够推心置腹，动之以情，讲明利害关系，让对方感到你的劝告没有不良企图，而是真心实意地帮他，为他切身利益着想，他就很容易接受你的劝说。

例如，员工想要离职，领导者怎样劝员工留下呢？最常用的方法之一就是说明坏处："你想去的那家公司薪酬确实比我们公司高，但是你有所不知，那家公司的产品市场占有率近年来持续走低。你真的希望去那里拿三个月的高薪，然后失业吗？""那家公司确实可以给你较高的职位，但是压力也是大得出名。你没听说吗？那家公司的管理层常年加班到晚上10点，有些人身体早已透支，为了事业牺牲身体和家庭值得吗？"

这些关于坏处的描述有些是假的，是夸大其词的，有些是真的，更多的是一种合理性的推测。但是，无论真假，只要合情合理，只要结果是不利的，员工就会想办法避免。为了摆脱这种不利，他就会选择留下来。

最后，要提醒大家的是，向对方说明利害关系的时候，要注意给对方留下充分思考的时间，让对方自己去领悟、消化，最终作出选择。切勿急躁地催对方快点作出决定，那样反而容易激起对方的防卫心理，引起对方的逆反。

8.4 制造危机：再不成交，你就麻烦了

在谈判中，有时候对方会迟迟不做决定，或提出一些条件，希望你作出让步。出现这种情况，往往是因为对方没有紧迫感和危机感。要想对方快速作出决定，就要设法让他产生紧迫感、危机感。

一位大爷本来是带孙子去商场买玩具的，可在药店门口看到有免费的诊断咨询活动，桌子上放着血压测量仪、心率测量仪。出于好奇和对自己身体的关心，这位大爷过去接受免费诊断检测。没想到检测出了毛病：血压高、心率过快！

看着大爷凝重的表情，工作人员对大爷说："这些毛病是您这个年龄段的人的通病，不用太担心。"

正当大爷一脸轻松、起身准备离开时，工作人员又说，"不过，如果不重视这些毛病，不抓紧时间对症下药，以后会很危险的，甚至可能转化成其他疾病。您想一想，生活中有没有头晕目眩、心跳过快的时候？所以说，如果不治疗的话，很危险。现在不治疗，以后治疗会花费更多。"

大爷一听，觉得对方说得有道理，赶紧问："怎么治疗呢？"

工作人员说："这里有一种降压茶，只要每天坚持喝，就能降低血压，控制血压。"

大爷说："那好，我先买一个疗程的！"说着，就把身上带的准备给孙子买玩具的钱全掏了出来。

在这个案例中，工作人员通过放大顾客的需求痛点，让顾客真切地感受到解决问题的重要性和迫切性。这就是在谈判中，给对方制造危机所产生的效果。

在给对方制造危机时，要注意以下几点：

（1）制造危机不能太过分，以免引起对方的反感

制造危机是为了刺激对方早点作出成交决定，或在某方面作出适当的让步。但如果刺激过强，让对方觉得危机太可怕，就可能起反作用。

有个养生馆的老板同潜在顾客沟通时，动不动就说："如果你再不调养身体，那么就容易出现疾病，甚至会得癌症。"潜在顾客听了这话，又惊又气，认为养生馆老板完全是为了做成生意故意吓唬自己，因此厌恶反感的情绪骤然从心底升起，一言不发离去，自此再不登门。

养生馆老板在制造危机时，对顾客刺激过度，导致适得其反。明智的做法是，把握好所制造的危机的严重程度。

比如，养生馆老板可以这样对潜在顾客说："万一有一天，我们的身体出了问题……我们都是家庭的顶梁柱，没有健康的身体就没有充足的精力照顾家庭。由此，家人会跟着受累，甚至可能把多年的积蓄都花在为我们看病上，还可能会借债……”

这番描述可以恰到好处地刺激顾客展开联想。当顾客意识到危机比较严重时，必然会引起重视，接受我们的建议。

（2）危机制造要找准切入点，切勿胡乱制造危机

在谈判中，当你准备向对方制造危机，促使对方快一点作出成交决定时，一定要找准切入点。所谓切入点，即对方最关心、最在乎的地方。在制造危机时，描述得越具体、越详细、越有煽动力，就越能促成对方快速作出成交决定。

化妆品推销员在向顾客推销化妆品时，有以下三种制造危机的话语：

1）“美女姐姐，你再不补水，皮肤就会很干的哦！”

2）“美女姐姐，你再不保养皮肤，就变成黄脸婆啦！”

3）“美女姐姐，你如果再不保养自己，小心大哥去找小三哦！”

我们来分析一下这三种制造危机的方式。

第一种：太过平常。什么样的皮肤才叫干？干了又会怎么样？都没有说清楚。顾客听了之后，可能觉得：干就干呗，没什么影响。

第二种：指向不明。什么叫保养皮肤？是美白，还是去皱，是补水，还是祛斑？而且黄脸婆这个说法太笼统，不容易促使顾客展开负面联想。而且变成黄脸婆了会怎么样？会带给顾客什么后果？也没有说明。这样就没法给顾客制造危机感。

第三种：这种说法会被理解为诅咒别人家庭不和谐，很容易激起顾客反感。这属于危机过火。

那么，到底怎么制造危机呢？优秀化妆品销售员会这么说：

美女姐姐，前段时间我也出现过你这种情况，脸上皮肤非常干，手摸一下感觉很粗糙。一开始我没在意，但后来我老公看我的眼神挺奇怪的，好像有一种嫌弃的感觉。一天吃饭时，我就问他怎么用奇怪的眼神看我。你知道他怎么说吗？他竟然说我的脸像树皮一样！我当时就蒙了。我意识到这样不行，必须给皮肤补水！于是我买了面膜、爽肤水，每天坚持用。半个月后，我的皮肤好了很多。你看我现在的皮肤，是不是挺水嫩的。

在这段话术中，化妆品推销员讲了一个和自身有关的故事，并且详细地描述了一个画面，充分调动了顾客的好奇心，让顾客情不自禁地去想象。故事中还讲到不重视皮肤补水的后果——老公看自己的眼神挺奇怪的。女人都在乎老公的看法，用树皮来形容干燥、粗糙的皮肤，加深了顾客对皮肤缺水的认识。这就是给谈判对手制造危机感的有效话术。

8.5 最后通牒：给对手一个回复的期限

在日常生活中，走在街头巷尾，路过超市、机场，我们总能听到或看到这样的促销语：

“8月1日至8月5日，本店所有服装半价促销，机会难得，先到先得！”

“促销活动至4月30日结束，促销期间本店所有商品一律八折优惠！”

“从今日起，本航空公司机票一律半价，自‘十一’黄金周开始，机票恢复原价！”

…………

在这些司空见惯的促销语中，暗藏着谈判学中的一个成交策略——期限效应。所谓期限效应，也叫最后通牒策略，指的是在谈判中，当双方争执不下，对手不肯让步时，我方抛出最后通牒——如果对方不在某个期限内接受我方的条件并达成协议，我方将退出谈判另选合作方。

最后通牒策略之所以能在谈判僵持不下时产生效果，是因为时间在对方眼中意义非凡。同时，我方在谈判中占据优势，对方处于劣势地位，急于成交。在这种情况下，向对手发出最后通牒，向对手施加压力，促使对手作出成交决定。

多年以前，我和一位业务经理洽谈一笔交易额为六位数的生意。谈判进行了一段时间仍然没有取得预想的进展，因为对方开出的条件令我方无法接受。不过，作为买方的我，始终掌握着交易的决定权。

后来，我接到对方打来的电话。在电话中，对方提出了一个欠考虑的请求："我们能不能在本月底把合作事宜敲定下来？"

我问他："为什么要在本月底把合作敲定？"

对方坦言道："公司月底要根据总销售额计算绩效奖金和销售提成。"

我茅塞顿开，决定利用对方的这一心理，将自己的优势最大化。

我对他说："真的很抱歉，接下来的两天（28日和29日）我有重要的事情要处理，脱不开身。我们只能在30日抽时间继续洽谈合作了。"

30日谈判那天，我坚持自己的条件不退让，对方似乎也没有抵抗，几乎在我希望让步的地方都作出了让步。更重要的是，从这次谈判成功的经历中，我学到了一个新的谈判技巧——最后通牒策略。

俗话说：过了这个村就没有这个店！最后通牒策略的运用，就是为了让对手害怕错过合作机会，从而作出相应的让步，最终达成对我们更有利的合作。

那么，在运用最后通牒策略时，要注意什么呢？如图8-2所示。

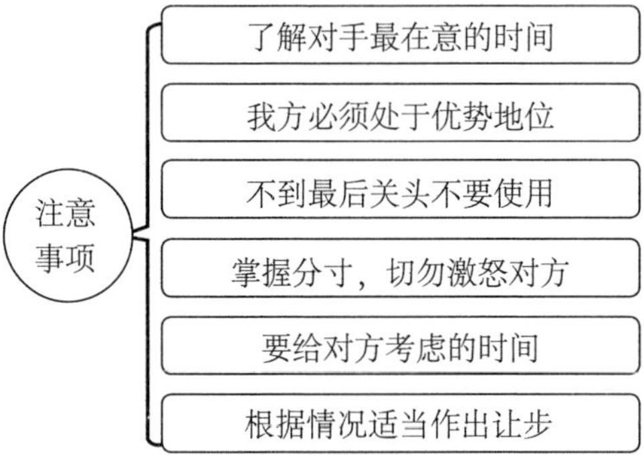

图 8-2　运用最后通牒策略的注意事项

（1）了解对手最在意的时间

运用最后通牒策略的重要条件之一是：你必须清楚对手最在意什么时间。换言之，什么时间对他有特别的意义？如果他错过了这个时间，会有什么不良后果？

怎样了解这一信息呢？我们看个案例：

杰特是美国一家公司的商务代表。有一次，他前往法国进行一场贸易谈判。法国公司的代表开车到机场迎接，表示热烈的欢迎。然后，又把他安排在一家豪华宾馆，让杰特有一种宾至如归的感觉，觉得法国人真热情友好。

安排好之后，法国公司的代表似乎无意地问了句："您什么时候回国呢？到时候我再开车过来送您去机场。"杰特浑然不知这里面有陷阱，告诉了对方自己回程的日期，以便对方尽早安排。就这样，法国公司的代表掌握了杰特的行程，知道他这次来法国只有10天时间。

接下来，法方代表带着杰特去各景区游览观光，绝口不提生意合作的事。直到第七天，才安排谈判，但只是泛泛地谈了一些无关紧要的问题。第八天继续谈判，但是草草收场。第九天，谈判仍然没有实质性的进展。第十天，当双方正谈到关键问题时，来接杰特去机场的小车来了，法方谈判代表建议在车上继续谈。

杰特进退两难：如果不尽快作出决定，那这次10天的出国就白跑一趟了；如果不讨价还价，又不甘心。权衡利弊，为了不至于一无所获，杰特在登机前和法方公司代表签订了合作协议。

这个案例告诉我们，如果想了解对方最在意的时间，不妨有意无意地问一句。特别是当对方远道而来和我们谈判时，我们作为接待的一方，询问对方的回程时间就更合乎情理了。

另外，如果对方是业务员，我们在与之谈判时，可以将最后期限设在月末、季度末或年末。因为这个时间比较特殊，通常关系到销售人员的业绩、提成和工资收入。因此，对方往往比较在意。

（2）我方必须处于优势地位

运用最后通牒策略的前提是，我方在谈判中处于优势地位，如产品优势、服务优势、价格优势、时间优势，等等。而对方需要尽快达成交易，才不会让自己陷入麻烦。比如，对方的生产设备瘫痪，急于购买一套新设备用于生产，否则，就无法按时给他的客户交货。这就是运用最后通牒策略的最佳时机。

（3）不到最后关头不要使用

最后通牒策略中的“最后”一词，直接指明了该策略的使用时机，那就是在最后关头去使用。比如，谈判进行了一段时间，该沟通的问题都沟通了，只是某个问题无法达成一致，而导致迟迟没有作出合作决定。在这种情况下使用最后通牒策略，往往能够收到成效。因为双方都花费了大量的人力、物力，不想因某个问题无法达成一致而前功尽弃。

（4）掌握分寸，切勿激怒对方

运用最后通牒策略时，千万不要激怒对方，使双方关系变得紧张，甚至是恶化。明智的做法是，要表现出一种“我也很无奈”的样子，让对手明白你不是有意给他施压的。比如，你告诉对方：“昨天领导给我下了指示，要求我这两天必须把这项合作敲定。如果明天你不能给我一个准确的答复，我只能和另一位客户合作了！”你还可以让第三者扮演谈判对手的竞争对手，在你们正谈判时给你打电话，和你讨论合作事宜。这样你既隐藏了真实的意图，又给对手施加了压力。

（5）要给对方考虑的时间

用最后通牒策略向对手施加压力，要给对方一定的考虑时间，如给对方一天或三天的考虑时间。而不能对对方说：“我给你三分钟的考虑时间，再不作出决定，我就和别人合作了。”这样一来，对方没有考虑的时间，就很容易放弃谈判。

（6）根据情况适当作出让步

即使我们在谈判中处于优势地位，即使我们使用了最后通牒策略，也有必要在最后成交时，作出适当的让步，让对手感到安慰，而不是得理不饶人。

最后，我们需要明确的是，我们可以使用最后通牒策略，对手也可以使用。那么，如何防范被对手的最后通牒策略牵着鼻子走呢？

第一，做好信息保密工作。为了不让自己掉入对手设置的“期限”陷阱中，我们一定要对自己的最后期限保密。不要向对手透露我们的行程，不要让对手知道我们所处的不利局面。

第二，要有耐性，要沉得住气。如果你不幸掉进“期限”的陷阱中，那一定要有耐性，要沉得住气。要相信对方的期限并不是真正的最后截止日期，只要你沉得住气，对方见这一招对你没用，就可能作出让步。以前面案例中的杰特为例，如果他不甘心按照对手的条件达成合作，完全可以这样说：“对于没有达成协议，我深感遗憾，不过也没关系，就当是来法国旅游吧！所以，我要谢谢贵方。”这样就把“球”踢给对手，让对手妥协，提出合作。

8.6 收回条件：再不成交，你就没机会了

你喜欢被人威胁的感觉吗？我想，没有人会回答“喜欢”。因为威胁的背后是巨大的压力。但是当谈判处于僵局中，对手不肯作出让步时，如果你能用好威胁这个武器，不但不会吓跑对手，还会使他愿意作出让步，主动和你成交。

怎么运用威胁这个武器呢？很简单，那就是当对方不肯让步时，我方收回条件，特别是前期谈判中所承诺的让步。你可以直接告诉对方：“既然你不肯让步，那就终止谈判！前面我答应的让步，都通通不算数了！告辞！”当你具备优势时，如果你说出这番话，对方很可能马上改变态度，表示有事好商量，愿意让步。这时你要清楚明白地告诉他：“对不起，就算你愿意让步，我之前承诺的让步也不算数了。”以此向对方施压，为己方争取更多利益。

古玩市场上，一位美国画商看中了一位老者的三幅名家画作。画商认定，这三幅画都是珍品，收藏价值巨大。假如买下这三幅画，收藏一段时间，肯定会价格暴涨。于是，他试探性地问老者：“老人家，你的画不错，请问多少钱一幅？”

“你买一幅，还是三幅都买？”

画商没有回答，而是反问道：“三幅都买多少钱？单买一幅又是多少钱？”他想先问清楚一幅画的价格，然后再一同买下，要求老者便宜点。

老者也很精明，他从画商的言谈举止中，看出其对这三幅画的喜爱。于是，他漫不经心地说：“先生，如果你真想买的话，我就便宜点全卖给你了，一共9万元怎么样？”

画商虽然知道这三幅画的价值，但他想以尽可能低的价格买下，于是和老者讨价还价。老者表示并未开高价，这个价格一分不能少。一时间，谈判陷入了僵局。就在画商磨磨叽叽的时候，老者突然怒气冲冲地拿起一幅画，掏出打火机把它烧了。

画商看到这一幕，非常心痛，他马上问老者：“剩下两幅画卖多少钱？”

没想到老者这次口气更强硬：“少于9万元不卖。”

“少了一幅画，还要9万元，这也太过分了吧？”画商表达强烈不满，要求降低价钱。

但老者不理会这一套，又怒气冲冲地拿起一幅画，掏出打火机烧掉了。

这回画商大惊失色，只好乞求老者把最后一幅画卖给他，因为他太喜欢这幅画了。

可是当他问最后一幅画多少钱时，老者竟然要价12万元！

画商说：“你怎么越来越过分？三幅画9万元，一幅居然要12万元！这是什么道理？”

老者说：“烧了两幅画后，这幅画就是旷世之宝了，它的价值已大大超过了三幅画都在的时候。你再不买的话，我就不卖了，我自己收藏！”

画商一脸无奈，只好以12万元的价格买下这幅画。

在谈判中，我们经常会遇到一些难缠的对手，他们开出的条件很苛刻，而且长时间不肯让步。如果你按捺不住，作出让步，他们就会迫使你继续让步。美国的心理学家曾针对这类谈判者做了一个实验，分别让采取不同让步程度的谈判对手与之进行谈判。结果表明，对于这种强硬难缠的谈判者，最好的应对方法是针锋相对，以牙还牙，甚至可以收回条件，威胁对方——“再不成交就永远没有机会了”。

在上面的案例中，画商由于喜怒形于色，过早地表现出对三幅画的强烈兴趣，而让自己处于被动地位。聪明的老者看透了画商的心思，利用他“怕买不到”的心理，对他进行“威胁”。每次威胁后，都收回之前的条件，目的是不断向他施压。画商在老者的施压下，意识到：再不买下最后一幅画，将是自己的损失。于是，他只好接受老者的开价。

通过这个案例，我们可以发现，在运用收回条件的威胁策略时，要注意以下几点：

（1）确认对手中意你的产品或服务或其他条件

之前我们提到，谈判中最可怕的是你没有其他选择。当你没有其他选择时，你就很容易被对手牵着鼻子走。同理，如果对手一眼就看中了你的产品或服务或你开出的其他条件，并在言谈举止中表现出强烈的兴趣。那么，你就处在谈判的优势地位了。当对手不肯让步时，你可以结合具体情况，适时收回条件，制造威胁，以施压于他，迫使他快速下定成交决心。

（2）收回条件就要当真，而不要轻易作出让步

如果你告诉对手："算了，算了，我不卖了。刚才我答应的八折优惠，也不算数了！"对手被你威胁到了，表现出示好态度，说："好吧，我买还不行吗？打八折是吧？"这时你要表现出强硬的姿态，明确告诉对方："谁说打八折？现在是原价！我说了刚才答应的八折优惠不算数！"这样说是为了进一步向对方施压，迫使对方赶紧作出成交决定。

记住，通过收回条件给对手制造威胁并不是目的，目的是促成对手按照我们的条件成交。如果对手在你的威胁下，已经表现出很有诚意的成交姿态，不再纠结价格，不再要求你让步，那就赶紧和他成交吧！如果对手在你的威胁下，虽然嘴上表示会马上成交，但转眼又跟你讨价还价，那你就应该像那位卖画的老者一样，让对手付出代价。

最后，要提醒大家的是，使用收回条件法来威胁对手，是万不得已时才用的策略。由于这一策略有较强的风险性——很可能导致谈判破裂，双方撕破脸皮，没有再合作的机会，因此，在使用这一策略前，我们应该想到最坏的后果，并问自己最坏的后果能不能接受。如果能接受，那就冒险一试。